中华复兴之光
千秋名胜古迹

南北雄关要塞

李姗姗 主编

汕頭大學出版社

图书在版编目（CIP）数据

南北雄关要塞 / 李姗姗主编. -- 汕头 ： 汕头大学
出版社，2017.1（2023.8重印）
　（千秋名胜古迹）
ISBN 978-7-5658-2839-3

Ⅰ．①南… Ⅱ．①李… Ⅲ．①关隘—介绍—中国
Ⅳ．①K928.77

中国版本图书馆CIP数据核字(2016)第293552号

南北雄关要塞　　　　　　　NANBEI XIONGGUAN YAOSAI

主　　编：李姗姗
责任编辑：宋倩倩
责任技编：黄东生
封面设计：大华文苑
出版发行：汕头大学出版社
　　　　　广东省汕头市大学路243号汕头大学校园内　邮政编码：515063
电　　话：0754-82904613
印　　刷：三河市嵩川印刷有限公司
开　　本：690mm×960mm　1/16
印　　张：8
字　　数：98千字
版　　次：2017年1月第1版
印　　次：2023年8月第4次印刷
定　　价：39.80元
ISBN 978-7-5658-2839-3

前言

党的十八大报告指出："把生态文明建设放在突出地位，融入经济建设、政治建设、文化建设、社会建设各方面和全过程，努力建设美丽中国，实现中华民族永续发展。"

可见，美丽中国，是环境之美、时代之美、生活之美、社会之美、百姓之美的总和。生态文明与美丽中国紧密相连，建设美丽中国，其核心就是要按照生态文明要求，通过生态、经济、政治、文化以及社会建设，实现生态良好、经济繁荣、政治和谐以及人民幸福。

悠久的中华文明历史，从来就蕴含着深刻的发展智慧，其中一个重要特征就是强调人与自然的和谐统一，就是把我们人类看作自然世界的和谐组成部分。在新的时期，我们提出尊重自然、顺应自然、保护自然，这是对中华文明的大力弘扬，我们要用勤劳智慧的双手建设美丽中国，实现我们民族永续发展的中国梦想。

因此，美丽中国不仅表现在江山如此多娇方面，更表现在丰富的大美文化内涵方面。中华大地孕育了中华文化，中华文化是中华大地之魂，二者完美地结合，铸就了真正的美丽中国。中华文化源远流长，滚滚黄河、滔滔长江，是最直接的源头。这两大文化浪涛经过千百年冲刷洗礼和不断交流、融合以及沉淀，最终形成了求同存异、兼收并蓄的最辉煌最灿烂的中华文明。

五千年来，薪火相传，一脉相承，伟大的中华文化是世界上唯一绵延不绝而从没中断的古老文化，并始终充满了生机与活力，其根本的原因在于具有强大的包容性和广博性，并充分展现了顽强的生命力和神奇的文化奇观。中华文化的力量，已经深深熔铸到我们的生命力、创造力和凝聚力中，是我们民族的基因。中华民族的精神，也已深深植根于绵延数千年的优秀文化传统之中，是我们的根和魂。

中国文化博大精深，是中华各族人民五千年来创造、传承下来的物质文明和精神文明的总和，其内容包罗万象，浩若星汉，具有很强文化纵深，蕴含丰富宝藏。传承和弘扬优秀民族文化传统，保护民族文化遗产，建设更加优秀的新的中华文化，这是建设美丽中国的根本。

总之，要建设美丽的中国，实现中华文化伟大复兴，首先要站在传统文化前沿，薪火相传，一脉相承，宏扬和发展五千年来优秀的、光明的、先进的、科学的、文明的和自豪的文化，融合古今中外一切文化精华，构建具有中国特色的现代民族文化，向世界和未来展示中华民族的文化力量、文化价值与文化风采，让美丽中国更加辉煌出彩。

为此，在有关部门和专家指导下，我们收集整理了大量古今资料和最新研究成果，特别编撰了本套大型丛书。主要包括万里锦绣河山、悠久文明历史、独特地域风采、深厚建筑古蕴、名胜古迹奇观、珍贵物宝天华、博大精深汉语、千秋辉煌美术、绝美歌舞戏剧、淳朴民风习俗等，充分显示了美丽中国的中华民族厚重文化底蕴和强大民族凝聚力，具有极强系统性、广博性和规模性。

本套丛书唯美展现，美不胜收，语言通俗，图文并茂，形象直观，古风古雅，具有很强可读性、欣赏性和知识性，能够让广大读者全面感受到美丽中国丰富内涵的方方面面，能够增强民族自尊心和文化自豪感，并能很好继承和弘扬中华文化，创造未来中国特色的先进民族文化，引领中华民族走向伟大复兴，实现建设美丽中国的伟大梦想。

目　录

甘肃阳关

山西太行关

陕西潼关

山西宁武关

河南函谷关

函谷关位于河南省灵宝北15千米处的王垛村，距三门峡市区约75千米，地处长安古道，紧靠黄河岸边，因关在峡谷中，深险如函而得名。

函谷关扼守崤函咽喉，西接衡岭，东临绝涧，南依秦岭，北濒黄河，地势险要，素有"车不方轨，马不并辔"之称。

无论是逐鹿中原，抑或进取关中，函谷关历来都是兵家必争的战略要地，围绕着这座重关名城流传有"紫气东来""老子过关""公孙白马"等历史故事，李白、杜甫等历史名人志士临关吟诗作赋百余篇。

经历过三次变迁的古老关隘

公元前1000年前后，在西周康王时期，康王为了保卫国都镐京的安全，在后来的河南省灵宝市北15千米处的王垛村，距三门峡75千米，地处长安古道，紧靠黄河岸边，修建了一座关隘。

这座关隘西据高原，东临绝涧，南接秦岭，北抵黄河，是我国制最早的雄关要塞之一。

同时，这座关隘还是东去洛阳、西达长安的咽喉，有"天开函谷壮关中，万谷惊尘向北空"之说，为此，人们为它取名"函谷关"。

这函谷关修成后，便有"双峰高耸大河旁，自古函谷一战场"的说法，成为兵家的必争之地。

到春秋战国时期，这座关隘更是发挥着非常重要的作用。在当时，各诸侯国为了据地自保，纷纷在自己的边防要地设立关塞。函谷关在这一大背景下，作用更加显现出来。

函谷关既是秦国固守关中的根基，也是向东扩张的出发地，还是都城咸阳的东大门。因此，当时秦国派重兵把守，可见函谷关对于秦国的重要性。

凭借此关，后来秦国打败了各诸侯国统一了六国，所以，这个函谷关后来又被称为"秦函谷关"。

汉武帝时，楼船大将军杨仆是新安县铁门镇南湾人。因平息叛乱有功，被汉武帝封为"关外侯"。

当时，西汉政权的中心在后来的西安，秦函谷关以西被视为京畿之地，其他地方自然也被视作偏远的、不发达的地区。因此，在当时的观念里，人们都不愿做关外人。

于是，杨仆上奏汉武帝，请求以自己的家产作为费用，将位于灵宝市的秦函谷关搬迁到后来的河南省新安县城的东边，这样，封地就全部在"关内"了。

很快，汉武帝接受了杨仆的要求。由杨仆主持，在公元前114年，把函谷关迁建到新安，史称"汉函谷关"，简称"汉关"，而秦函谷关也就叫"秦关"了。

汉函谷关距洛阳市20千米，南靠青龙山，北托邙山，抵黄河，坐西向东，前临涧水，建筑非常壮观。

到三国时，曹操西讨张鲁、马超，为了迅速转运兵马粮草，命许褚在距秦函谷关北几千米的黄河边开凿隧道，筑起关楼，因为这座关楼距秦关不远，人们称它为"新关"，也叫"魏函谷关"。

为此，也就是说，在我国，函谷关一共有三座，它们便是秦函谷关，汉函谷关和魏函谷关。

不过，到后来，函谷关仅保存了汉函谷关和魏函谷关两处遗址。

知识点滴

据史书上记载，211年，曹操西征张鲁、马超，经过弘农，看见函谷关古道崎岖难行，粮草转运困难，便命大将许褚在黄河岸边另辟新道，即当年的"曹操运粮道"。

240年，弘农太守孟康在运粮道的入口处新建关城，号"大崤关"，又名"金陡关"，后来人称"魏函谷关"。在此处，后来成为东达洛阳、西接长安的重要交通干线。

历代王朝的易守难攻之地

　　在我国古代成型的三座关隘中，尤其以秦函谷关最为有名，此处关隘十分险要，历来被认为是天下险关，这与它独特的地形有关。

　　在汉语中，"函"本意是指盛物的匣子或套子，引申用来形容幽

深、封闭。单从这个函字上人们就可以想象出函谷关的险要。而关于函谷关的险要，史料上这样描述：

> 西据高原，东临绝涧，南接秦岭，北塞黄河……马不并辔，车不方轨，道在深谷，两壁陡峭，树木遮天蔽日。
>
> 关在谷中，深险如函而得名。东自崤山，西至潼津，通名函谷，号称"天险"。

因此，这个狭长而陡峭的环境，造就了函谷关的险要，函谷关的"一夫当关，万夫莫开"之誉也由此而来。

函谷关不仅险要，而且十分重要，它是当时秦国固守关中的根基，是都城咸阳的东大门，也是关中大平原的东面出口。这也是后来汉朝、唐朝定都长安的主要因素。把守函谷关，保卫京师，意义十分重大。也正因为这样，函谷关的地位十分重要。

有了非常重要的战略位置，又占据了天下奇险，这两大因素铸就了函谷关无比辉煌的历史。

函谷关已有2000多年的历史，其间曾有10多次大的战役在这里发生，不少战役可以说影响了历史的进程。作为天下险关，函谷关辉煌的历史主要表现在它的易守难攻上。

函谷关最早的战事是在商朝，也就是在公元前17世纪的时候。当时，周武王伐纣时经过函谷关，那时的函谷关叫"桃林塞"，守塞的官员为武王替天行道之举所感动，将这一天险拱手相让。于是，武王率军出塞与诸侯在孟津召开大会。

两年之后，天下归周，武王又在这里解散军队，遣散战马，刀枪入库，向天下表示太平，不再动兵。但是到了春秋战国时期，函谷关又一次出现刀光剑影、烽火连天。

函谷关之险，不仅仅是关险，主要还是路险。春秋时期，函谷关

一带地区属于虢国。虢国当时的国都在上阳。虢公丑是虢国的最后一个国君，他依仗优越的地域条件、雄厚的军事实力、发达的经济文化，骄横好战，多次侵扰北部的晋国。

至晋献公时，晋国开始强大起来，晋献公就起兵反抗虢国。公元前658年，晋国从虞国借道，攻占了虢国的下阳，并准备继续进攻虢国的都城上阳。

上阳和下阳虽然都属于虢国，但相隔一条黄河。渡口茅津渡两岸高峰耸立，易守难攻，晋国损失了不少人马、船只，也没能打过黄河，只好暂时退兵。

晋献公见难以攻克上阳，就派人贿赂游说犬戎部族从西面攻打虢国。犬戎部族对富饶的中原早已垂涎三尺，又有了晋国的唆使，更加狂妄，很快集中兵力浩浩荡荡地向虢国开来。

虢公丑听说犬戎部族西犯，便调集所有精锐，在函谷关镇稠桑村的旧址桑田布置重兵，全力拒敌。

函谷故道，两边山高林密，殆不见日。虢公丑让士兵在两面山坡上的树林中埋伏，又派一队精兵快骑出桑田袭击犬戎的营地，斩杀了很多犬戎兵，点燃了多处帐篷。

犬戎部族的士兵们慌忙吹起号角，率兵围歼。虢兵也不恋战，边打边退。犬戎部族士兵不知是计，紧追不舍。当他们进入函谷故道时，两边山上埋伏的虢兵立即弓弩齐发，乱箭像雨点般地朝着犬戎部族的士兵们射来。

犬戎部族首领大惊，知道中了埋伏，急忙率队后撤。这时，虢国兵从山上扑杀下来，犬戎兵乱作一团，争相逃命，犬戎主左肩中了一箭，被亲兵护驾着逃回营地。

战国时期，秦国任用法家深入改革，对内建立法规制度，奖励农耕，加强军事，对外实行连横扩张，"远交近攻"，不断强大起来。

公元前325年，秦国已完全据有关中，并在河东占有汾阴、皮氏等前进基地；在河南占有函谷关等重要关塞。

凭借黄河和函谷关天险，秦国进可攻、退可守，形成了并吞天下

之势。此时的齐、楚、燕、韩、赵、魏等国感到严重不安，不断策划"合纵"联合抗秦。

公元前318年至公元前241年，接连发生了五次著名的"合纵攻秦"战役，而函谷关就是这合纵攻秦战役的主战场。

公元前318年，在魏相公孙衍的推动下，魏、赵、韩、燕、楚五国共推楚怀王为合纵长，组织联军进攻秦国，发起历史上的第一次合纵攻秦之战。此次战争也被称为"修鱼之战"或者"函谷关之战"。

当时秦国的扩张和张仪的连横策略，严重威胁到东方各国。在齐、楚、燕、赵、韩等国支持下，魏王驱逐张仪，改用公孙衍为相，行"合纵"之策。

次年，在公孙衍的推动下，组织联军进攻秦国。

公孙衍还联络义渠国，由侧背进攻秦国，配合联军。当时，秦国送"文绣千匹，好女百人"给义渠国，以缓其威胁，然后发兵于函谷关迎战。

联军因各有所图，步调不一。楚、燕两国暂时受秦国威胁不大，态度消极。只有魏、赵、韩三国军队与秦军交战。在战争中，秦国开关迎击，获得大胜。联军败退后，向东退至修鱼，就是后来的河南省原阳西南。

同年，义渠国君认为向秦国送厚礼实是暂时策略，秦国强大对己不利，便趁五国攻秦之机，出兵袭击秦国李帛。一支秦军仓促迎战，结果大败于此。

然而，这一战并未影响全局。在公元前317年的时候，秦遣庶长樗里疾率军出函谷关反击韩、赵、魏三国联军，于修鱼大败联军。联军再败退观泽，也就是后来的河南省清丰南。秦军追至观泽再败韩军，俘虏韩将鲮申差。

修鱼之战影响巨大，它使关东诸国大为惊恐，这为秦国以后实现统一霸业奠定了重要的基础。回顾这场战役，秦兵的英勇是一方面，函谷关的险要，也给秦国帮了大忙。

此后，秦国进一步"富国""广地""强兵"，不断向魏、韩、

楚、赵等国进攻，将领域逐步扩展至中原。公元前298年，秦攻楚，战于析，大败楚军并占城邑10余座。

当时，齐、韩、魏恐秦继续扩张，对己更为不利，乘秦军久战疲惫，于当年联合攻秦。

经过三年的苦战，联军终于击败秦军，攻入函谷关，迫使秦归还韩之武遂及魏之封陵等地。第二次合纵攻秦之战取得胜利。

公元前287年，齐、赵、魏、韩、燕国联军攻秦。由于五国目的不同，各有打算，进至荥阳、成皋，即互相观望，不肯首攻。

秦为破坏五国联盟，主动将之前占领的一些地方分别归还给了魏国和赵国。联军遂撤走。第三次合纵攻秦，未交战即告瓦解。

公元前269年，范雎入秦国，建议秦昭襄王实行"远交近攻"的战略，以利于巩固占领的土地。秦国遂将打击重点指向最近的韩、魏、赵。秦国大将白起在鄢郢之战中，歼楚军数十万。在华阳之战中歼魏、赵联军15万。在长平之战中，歼赵军45万；还攻灭东周及义渠，蚕食了大片土地。这促使各国再度联合。

公元前247年，魏、赵、韩、楚、燕国组成联军，由信陵君指挥西向攻秦。秦将蒙骜因腹背受敌，被迫西退。信陵君亲冒矢石，率先冲锋，联军士气大振，紧随追赶，追至河外，也就是函谷关东黄河以南的地区，包围了秦军，双方展开激烈战斗。

后来，秦军败退进入函谷关，紧闭关门，坚守不出。相持月余，联军撤回。第四次合纵攻秦之战获得了胜利。

联军的胜利，并未削弱秦军实力，也未能遏止秦之扩张势头。秦始皇继位后的五年间，占领了魏、韩、赵许多军事要地。切断了燕、赵与魏、韩间联系，并在战略上造成对赵、魏、韩三国侧翼包围态势。

公元前241年，魏国在秦国连续进攻之下，丧失大片土地。此时，魏景湣王感到单凭魏国的力量，难以抵挡秦军。于是，他接受大臣建议，遣人出使赵国，与其结盟，并提出再次合纵，以抗击秦国。

通过外交活动，魏国的提议得到了各国响应。当时，除齐国依附秦国外，赵、韩、魏、楚、燕国组成联军，共推赵将庞煖为帅。

庞煖认为，攻秦之师屡次向西进攻，均在函谷关被阻。函谷关非常难攻，不如绕道蒲阪，南渡河水，迂回至函谷关后，可出其不意。其"河水"指的是黄河。

五国联军分路出蒲阪，进展顺利，一度深入至函谷关内，距秦都城咸阳仅三四十千米。但等到了蕞这个地方时，联军与吕不韦所率的秦军相遇了。联军没有集中兵力进行反击秦军，迅即大败而退。第五次合纵攻秦之战失败。

庞煖征秦，也称为蕞之战，这是战国时期最后一次合纵攻秦行动。尽管庞煖富智谋，善纵横，但联军同床异梦，协同不力，终于无功而返。此次战役，秦国又取得了胜利。

在这场战役中，从庞煖绕开函谷关之举，可以清楚地看出函谷关在当时的坚固险要。

不久，秦王嬴政亲政，用李斯"灭诸侯，成帝业""数年之中尽兼天下"的建议，加快了各个击破的步伐，不给各国再次联合行动的机会，各国的合纵战略至此破灭。从此，六国更无法抵御秦国的兼并战略，这对秦国的进一步统一来说，无疑是一件大好事。

合纵历时时间长，战役次数多，伤亡人数也多，而且这些战役又大都发生在函谷关附近。这些战役虽然随着历史的车轮已经远去，但它们却在古老的函谷关留下了深深的历史痕迹。

公元前207年，刘邦按照楚王的提议，率部前去攻打大秦。刘邦深知函谷关是天险，一时难以突破。因此，在洛阳东作战不利的情况下，刘邦果断决定，避开函谷关，出轩辕关，绕道商洛，由武关攻入关中。

就这样，刘邦绕关后，进展非常顺利，很快就灭掉了曾经非常强大的秦军。按照当时楚王项羽的约定，先入关中者可以称王，因此，刘邦的入关使项羽大为恼怒。

公元前206年，项羽率军40万，西进函谷关。得知刘邦已定关中并派兵扼守函谷关，项羽大怒，命黥布强行攻关。黥布攻不下来，一把火烧毁了关城，千古雄关就这样淹没在历史风云当中。

在历史上，函谷关曾经遭到毁坏，汉景帝于公元前153年复置函谷关，下令用"襦"作为出入关卡的凭证。

在公元前140年的时候，汉武帝刘彻诏举贤士。当时济南有一名叫终军的人才华横溢，18岁时就被选为博士弟子，与少年才子贾谊齐名，并称为"终贾"。

一天，终军从济南步行赶往长安，行至函谷关，取出襦作为凭证。关吏验过符后，交还给他，他却弃之而行。关吏看到终军的行为后笑终军无知，对他说："你要是扔掉它，以后要怎么回来呢？"

终军却说："大丈夫过关是为了做大事，怎么会一直用这凡夫俗子用的襦呢？"

后来，终军果然得到了重用，出任南越大使。重过函谷关时，关吏认出了他，说这就是当年弃襦过关的孩子，随从大呼："这是出使南越的大使，不许胡说。"

关吏大惊，忙跪拜送出关门。从此以后，函谷关一带的人教育孩子都说："要长进，学终军""有才能，当终童"。因此，终军弃襦的典故也就流传了下来。

四川剑门关

  剑门关位于四川广元的剑门山。剑门山脉东西横亘百余千米，东南延伸绵延数百里，72峰绵延起伏，高入云霄，形若利剑，素有"剑门天下雄"之说。

  剑门关所处之地，群峰突兀，山涛云海。地势西北高东南低，以低山地貌为主，山岭密布，沟壑交错，峻岭横空。

  剑门山以天险形胜之地构成川北屏障，关隘险绝。所谓"蜀道之难难于上青天"，"畏途巉岩不可攀"即指此地。

蜀国大力士开辟剑门蜀道

　　早在公元前11世纪，四川境内就有了巴国和蜀国两个较大的国家。当时，巴国控制川东南，蜀国盘踞川西北。

　　公元前1037年，巴、蜀班师回国。巴军越过巴山，蜀军取道地处

四川盆地北部边缘，古称梁山，由大、小剑山组成的剑门山下的古道。在这条古道上，有一座著名的关隘剑门。

剑门山为剑门山脉西南段，其山峻岭横空，危崖高耸，从东北向西南蜿蜒伸展，长达百余里，气势磅礴。主峰大剑山，峰如剑插，石壁横亘，森若城郭，峭壁中断，两崖对峙，一线中通，形似大门，所以叫"剑门"。

因为蜀军从此地过，从此，剑门就成了中原与蜀国的重要交通孔道之一，也成为蜀国防御的要塞了。

战国后期，秦国的秦惠王对巴、蜀的富饶物产垂涎已久，但唯恐蜀国有剑门之险，巴国有江河之阻，道路崎岖，运输艰难，征伐很不容易。由此，引出了一段"石牛粪金，五丁开道"的传说。

根据宋代类书《太平御览·蜀王本纪》的记载：

> 秦惠王时，蜀王不降秦，秦亦无道出于蜀。蜀王从万余人东猎褒谷，卒见秦惠王。惠王以金一笥遗蜀王，蜀王报以礼物，物尽化为土。
>
> 秦王大怒，臣下皆再拜稽首，贺曰：土者地也，秦当

得蜀矣。秦王恐亡相见处，乃刻五石牛，置金其后，蜀人见之，以为牛能粪金。

蜀王以为然，即发卒千人，领五丁力士拖牛，成道，置三枚于成都，秦道乃得通，石牛之力也。

古代地方志著作《华阳国志·蜀志》记载的传说里讲：

周显王之世，蜀王有褒汉之地。因猎谷中，与秦惠王遇。惠王以金一笥遗蜀王。王报珍玩之物，物化为土。

惠王怒。

群臣贺曰："天承我矣！王将得蜀土地。"

惠王喜。

乃作石牛五头，朝泻金其后，曰："牛便金"。

有养卒百人。蜀王悦之，使请石牛，惠王许之。

蜀遣五丁迎石牛。既不便金，怒遣还之。乃嘲秦人曰：
"东方牧犊儿。"

秦人笑之，曰："吾虽牧犊，当得蜀也。"

　　两本古籍的用词虽然不同，但记载的传说内容却都是一样的。战国中后期，秦惠王想让物产丰富的蜀国做秦国的附属国，但是秦国到蜀国之间的道路被千万重大山阻隔，根本没有道路可以通行。同时，蜀国也丝毫没有想归属秦国的意思。

　　有一天，蜀王带着万名随从正在褒谷，也就是秦岭山脉中的一条山谷里狩猎，却很偶然地和秦惠王相遇了。为了表示礼节，两国的国君互赠了礼物。秦惠王赠给蜀王的是金一笥，蜀王也回赠了礼物，但是那个礼物很快就化成了一堆土。

　　秦惠王很生气，认为蜀王是在故意羞辱他。但是秦惠王的大臣们

却都很高兴，纷纷跪下向秦惠王贺喜，并说："蜀王送给您的礼物化成了尘土，土正是代表着土地呀。看来这是上天在预示大王，很快就能得到蜀国的土地了。"

秦惠王在高兴之余心生一计，他知道蜀国人崇信鬼神，于是就让人凿刻了五头巨大的石牛，每头牛还安排了专门的人假装每日饲养，最后又在石牛的尾下放置黄金。

这一切都安排好之后，秦惠王找人告诉蜀王说，自己有五头神牛，拉出的大便是金子。蜀王听说之后很高兴，就向秦惠王要那五头神牛。秦惠王马上答应了，但要求蜀王自己派人来取。

蜀王大喜，便派了蜀国中五个有移山倒海之力的著名大力士开山辟路，穿越巴山沟通秦蜀，一路将石牛拖回了蜀国的成都。

得到了五头石牛之后，却发现这五头石牛根本不能大便出金子，就气愤地派人把石牛送回了秦国。

送回石牛的蜀国人讥讽前去迎接的秦国人说："你们这帮秦国人也只能放放牛罢了。"

但秦国人却不急不恼地笑着说："就算我只能放放牛吧，反正你们蜀国马上就是我们秦王的了。"

后来，正是因为蜀国的五名大力士辛苦开出的道路，秦国和蜀国之间的山势隔阂被打通了，因此秦国的兵马畅通无阻地包围了蜀国，很快就把蜀国占领了。

这就是"石牛粪金，五丁开道"的传说，而那条五名壮士拖送石牛的道路就是古金牛道，也是剑门蜀道的最初来历。

这段传说引得很多文人墨客为金牛道留下了诗篇，唐代诗仙李白在《上皇西巡南京歌十首·其八》里面写道：

秦开蜀道置金牛，汉水元通星汉流。
天子一行遗圣迹，锦城长作帝王州。

南宋时期的诗人陆游在《金牛道中遇寒食》诗中写道：

乍换春衫一倍轻，
况逢寒食十分晴。

莺穿驿树惺憁语，
马过溪桥蹀躞行。
画柱彩绳喧笑乐，
艳妆丽服角鲜明。
谁知此日金牛道，
非复当时铁马声。

当然，金牛道的开凿不是一朝一夕所能完成的，这条道路在"五丁"未开之前就已经有了，并非是蜀国人为运送金牛而开。

据《华阳国志·蜀志》等史书的记载，蜀国早在周代的时候就已经开凿这条金牛道了，到了秦朝的时候，蜀国人又进行了大规模的扩修。传说中所讲的"五丁"，也并非真的是五名天生神力的大力士，而只是众多筑路人员的泛称。

但是，蜀国在周代就开凿出的金牛道确实为川、陕、甘、青历时千余年的茶马互市提供了最重要的通道，也就是历史上所说的"茶马古道"。

茶马古道指的当时朝廷为了获得外蕃的优良马匹来装备朝廷的军队，就每年都从大西北和西藏地区少数民族那里用茶叶换取马匹。

由于金牛道方便了出行，茶马互市的规模很大。仅仅在南宋时，朝廷就每年都要以百万斤以上的茶叶换取万匹良马。

但茶马互市并非始于南宋，而是早在唐朝就开始兴起了，这同时也是唐朝的茶叶流通于外蕃的时间。唐朝人封演在他所著的纪实小说《封氏闻见记》中写道：

> 饮茶始自中地，流于塞外。往年回鹘入朝，大驱名马市茶而归，亦足怪焉。

"茶马互市"始于唐代，又被后来的宋、明、清几朝定为国策。南宋诗人陆游在他所著的记载五代时南唐国历史的纪传体史书，《南唐书》里记载：

> 契丹虽通商南唐，徒持虚辞，利南方茶叶珠贝而已。确

系实情。北蕃好食肉，必饮茶，因茶可清肉之浓味。

今蒙古人好饮茶，可为例证，不饮茶，多困于病，无怪其常以名马与汉人易茶也。唐宋者名之团茶，蕃人尤嗜之，常以重价买之。

由此可知，当时茶叶传于外蕃，一方面是由于外蕃生活上的要求，另一方面是因为当时的朝廷需要外蕃马，于是投其所好，用茶与之交易，是一种财政措施。何况当时，中原需要交换的不仅仅是马匹，还有少数民族地区的特产，如毛皮和药材。

川陕间茶叶、马匹的往来，金牛道是必经之途。清朝前期每年需要外蕃马11000多匹，后来又增加了2000匹，共计13000多匹，每年换回来的万余的马匹，沿金牛道运往边关和内地，其景何等地浩荡！

知识点滴

翠云廊古称剑州路柏，是剑门蜀道的一段。广义的翠云廊，分为西段、北段、南段，是指以剑阁为中心，西至梓潼，北到昭化，南下阆中的三条路，在这三条蜿蜒300里的道路两旁，全是修长挺拔的古柏林，号称"三百长程十万树"。

翠云廊保留了原来"驿道"的旧貌，古风盎然。历经千余年的雨雪风霜，更显雄浑苍凉，古道夕阳之中，令人横生昔人已去，天地悠悠的无尽感触。

剑门蜀道有驿站古柏12300多棵，有规律地分布在300多千米的驿道两旁，其中剑阁县7800多棵，梓潼近500棵，昭化100多棵，阆中10多棵，南江3800多棵。其中的很多古柏树龄都在千年以上。

诸葛亮下令修成雄关关楼

　　三国时期，在三国鼎立局面形成之后，蜀国的丞相诸葛亮率军伐魏。路经大剑山时，他见大剑山峭壁中断，两崖奇峰倚天如剑，附近的地形群峰雄伟，山势险峻。他就马上让军士开凿山岩，架飞梁，搭栈道，又在大剑山断崖之间的剑门蜀道隘口砌石设门，修筑关楼，设阁尉把守。从那时开始，这个重要的关塞始称"剑门关"。

　　据宋朝的地理总志《太平寰宇记》记载：

　　诸葛亮相蜀，凿石驾空为飞梁阁道，以通行旅，于此立剑门关。

北宋地理总志《舆地广记》也记载：

蜀汉丞相亮……以阁道三十里至险，复设尉守之。

根据这些史料的记载，可以确定剑门关确实是蜀汉丞相诸葛亮设立的。自诸葛亮立剑门关以来，历代关前所经过的大小战争，已不下百余次，的确称得上是名闻天下的铁血雄关。

诸葛亮所建的剑门关关楼是三层翘角式箭楼，上两层是阁楼，最下层为条石砌成的拱形城洞。关楼的阁楼正中悬着一个横匾，书写着"天下雄关"四个金色大字。

据有关资料记载，三国时期的蜀汉皇帝刘备在称帝之前，就曾四次往来于剑门关。加上《三国演义》的记载，叙述了刘备在进军成都的途中，又返回葭萌关看张飞和马超厮杀，共计往返剑门关六次。

217年，刘备在成都定都，同时设立了剑阁县，加强了对剑门关的防守。不仅如此，刘备还以剑阁为中心，将汉中至成都的1000多千米的路程连成了一个整体，保证了从成都至梓潼，穿剑阁过葭萌、白水，到陕西勉县阳安关、汉中这条剑阁道的安全和畅通，为以后诸葛亮出祁山创造了条件。

227年的时候，诸葛亮率大军出剑门关进驻汉中，向后主刘禅上

《出师表》，请伐中原。《出师表》中的"率诸军北驻汉中"，就是
诸葛亮经过剑门关的时候。

228年，诸葛亮从汉中誓师，首次出兵祁山，智收魏将参军姜维。
诸葛亮特别器重姜维，曾经说"今得伯约，得一凤也。"诸葛亮所说
的伯约，正是姜维的字。

231年，诸葛亮第二次出兵祁山，用他自己发明出的木牛流马向前
线运输粮秣军需，大举伐魏。虽与魏将张命数战皆捷，但因攻城20余日
不下，粮尽还师。

232年至233年，诸葛亮从汉中经金牛道，筹集军需。他总结了前
几次伐魏粮尽退兵的教训，大量制作木牛流马，运送米、麦囤集到剑

门关，以便转运汉中和斜谷口，做好了长期伐魏的准备。

诸葛亮把剑门关作为蜀北大门，立关戍守。同时派人在大、小剑山之间修筑了15千米的栈阁，以利于行军和囤集粮草。

234年，诸葛亮从成都出剑门还汉中，齐集三军出斜谷伐魏。诸葛亮在军中病故。姜维继承了诸葛亮在《出师表》中表现出的振兴汉业的遗志，竭忠尽力想要恢复中原，重兴汉室。

263年，魏国伐蜀，汉中失守，姜维退守剑门关。魏将诸葛绪企图统兵夺关，姜维派出5000精兵出剑门关，直闯魏兵阵营，使诸葛绪大败而逃，蜀军趁机夺得了许多马匹和军械回剑门关。

随后，另一名魏将钟会率领10万精兵强攻剑门关，两军在剑门关外激战月余，蜀军居高临下，士气旺盛，魏兵寸步难移。

再加上剑门关的地势险要，易守难攻，姜维只用了30000兵马就轻松地把钟会的10万大军抵挡在了剑门关外。钟会无奈之下向姜维投书劝降，但姜维毫不理会。

后来，诸葛亮所建造的剑门关关楼多次毁于战火，1761年，清朝的四川总督陈谟又奉旨督建了一座新的关楼。

新关楼是重檐式歇山顶，翼角凌空，气宇轩昂，有窗户八扇，檐下匾题"天下雄关"四个金色大字。关楼整体上大下小，上宽约150米，下宽50米，巍然屹立在两道如剑直立的峡口之间。

关楼分为上中下三层，高约9米，底层为石砌基座，正中有拱券门洞，呈高约3米、长约8米的隧道状，并有两扇木门为禁。门扉是用乳钉纹装饰的铁皮，上面有突起乳钉81颗。

后来，这座清朝时所修建的剑门关关楼也不在了，人们就开始重建它。

重建的剑门关关楼是仿古建筑，恢复了古关楼原貌，关楼与周围的险山幽壑环境浑然一体。整个关楼两层一底，高17.1米。底层用长80厘米、高和宽各30厘米的细清条石，层层错缝修筑，构成四面墙体。

石墙顶端南北西方，用

仿汉砖砌有楼堞垛，有16根仿木圆柱直通顶层。屋盖覆青灰色琉璃瓦，脊上饰有吉祥鸟兽，四檐外伸，翘角当空，铜铃随风摆动，阵阵有声。关楼东侧高处，筑有700多米高的烽火台，台与关楼又以城墙相连。

在距离后关门东北500多米处的地方，是一座高70米的高耸巨石，矗立于地面，酷似一棵竹笋，人称石笋峰。竹笋峰高达数十丈，通体不长一草一木，但在它的尖顶上，却生长着一丛茂盛的灌木。

关于这座石笋峰，还有这样一个传说。传说剑门关先前不产竹子，当地百姓只好用山上的藤条编制背篼、箩筐之类的用具，结果不仅砍伐了大量藤条，破坏了植被，还经常有人为了砍藤条而从绝壁上失足跌下。

天庭的一位神仙很同情剑门关的百姓们，就从玉皇大帝那里偷来了慈竹、斑竹、箭竹等种子，洒在剑门山上，让剑门山长出了大片大片的竹林。

玉皇大帝为了惩罚这个神仙偷天庭的东西，就把他变成了一尊石笋。还有人传说它是开道的五丁中的一位武士变化而成，也有人说它是五丁开道时想要拔出的那条巨蛇变化而成。

在剑门关附近的石壁上，有一座高135米、底宽60米、顶宽30余米的悬崖，名为照壁崖。这座照壁崖的正面是褐色的，壁的两端各有一条狭缝，开口处能容一人侧身过去。

照壁崖的壁面光滑平整。当有光线照在崖壁上，壁面上就会熠熠闪光，尤其是在阳光灿烂的夏天或者旭日东升时的清晨，在朝阳照耀下的壁面就会红彤彤的，宛如一块巨大的玛瑙。

关于这座照壁崖，民间还有一段传说呢！

相传一天早晨，陕西雍州府的知府在洗脸时发现，他的水盆里闪现出一道屏障的样子。知府很惊讶，就派人按盆底的显影到处查访。

当手下走到剑门关时，发现有一石壁正在闪光，跟知府盆里照出的屏障一模一样。知府认为这是吉祥之兆，便命人将他堂上"明镜高悬"的四个大字匾取下，挂在了剑门关的岩壁上。从此以后，人们就称这段石壁为"照壁崖"。

过关往南，游道右边的有尊雕塑，名叫孔明立关。孔明立关像的南边，就是蜀

汉先主刘备的雕塑。

从关楼西侧往剑门山的左侧看去，崖壁，山石和树林俨然是一尊天然的武士面容像。这座石像坐北朝南，形似一位正凝视着关口的，头戴盔甲的武将。

这座毫无人工雕饰的石像神工天成，可谓是剑门关一奇。尤其是细看之下，这座石像的面容深沉而镇静，神态气韵勇武果敢，像是正在守卫着剑门关。

当地人都认为这座石像惟妙惟肖地还原出了姜维将军的气魄，又由于姜维确实曾在剑门关守关，因此称这座石像为姜维神像。

在姜维神像的右下方，还有一只面向雄关隘口的灵猴石像。这尊石像虎视眈眈，透着一股锐气。

有人说这只灵猴是五丁开山时留下来镇守剑门雄关的神将，有人说是姜维将军死后的化身，还有人说石猴是剑门山上的猴王，剑门山上的猴子经常到猴王脚下顶礼膜拜。

在剑门关外的牛头山上，有一汪直径3米、水深1米、呈椭圆形的水池，当地人称之为"姜维井"或"姜维拜水池"。

相传262年，姜维在剑门关作战时曾败退到牛头山。因为牛头山没有水源，将士们处境很艰难。到了晚上，姜维梦见诸葛亮给托梦，要他设坛拜水。

第二天，姜维命兵士挖好池子，设祭坛，焚香烛，对池跪拜。但跪拜了三天三夜都未见水，姜维很焦虑，便派手下察看，手下回报"无水"；第三天，前去查看的手下还是回报"无水"。

后来，派去的第三个手下前去察看，仍无水，但这个士兵见前两人如实回报的时候，姜维很不高兴，就撒谎说"有半池水"。

姜维半信半疑，第四次派手下再去察看，士兵回报说："的确有半池水。"

姜维很高兴，说："即使有半池水也够了。"

从那时起，这汪拜水池不管天气是否干旱，或者雨水多么充沛，池中的水从来都不满，无论多少人去饮用或者打水，池内始终保持半池水。

最神奇的是，这个水池的位置比阆水水面还要高730多米，但池内的水色却始终随阆水的变化而变化。江水清时池水也清，江水浑时池水也浑。

后来，当地人在拜水池附近建了一座牛王庙，庙内塑有姜维像，来这里瞻仰和取水的人络绎不绝。

剑门关内右侧半山腰有一个巨大的石洞，冬暖夏凉，可容数百人。姜维据险守剑门时，常在

洞里带领部下研究兵法。魏将诸葛绪统兵夺关时，姜维正是在这个洞里和其他将领商定了守关退敌的妙计。

钟会统兵10万强攻剑门关，并向姜维投书劝降时，姜维也是在这个洞与诸将商谈后，决定不答复劝降书。后来，当地人怀念姜维，就叫该洞为"姜维洞"。

剑门关附近还有三国时期诸葛亮令军士开凿出的栈道。这条剑门栈道依山傍势，凌空架木。长长的栈道在青翠的山间盘旋延伸，就像一条白色的长龙在峭壁悬崖之间翻滚。

知识点滴

大穿洞在剑门关所在的大剑山南面，是一个砾崖洞，洞形如圆拱天桥，长50余米，宽20余米。拱桥面森林密布，杂草丛生。桥下东西对穿，有如庭堂，可容数百人。

关于大穿洞的成因，有这样一个传说。古时候有一个妖魔常在剑门山作怪，危害山民。梁山寺的志公和尚便率领他的弟子们为民除害。

一天，他们发现了妖魔，就穷追不放，当快追上时，妖魔纵身跳崖逃跑，志公和尚急忙放箭，射中了妖魔，但因为他用力过猛，射穿了前面一座小山，于是形成了一个大穿洞。

梁武帝为剑门山寺庙赐名

在大剑山的绝顶，位于海拔约1.2千米的剑门七十二峰的桃花峰与逍遥峰之间，有一座舍身崖。

关于舍身崖，千百年来，在剑门山区一直流传着它美好而动人的

传说。大约在明朝初年，有一位身经百战、屡建功勋的将军，后来弃官出家，来到梁山寺削发为僧，法名"枳松"。

枳松精通佛学，为人沉静寡言，待人和善，因此深得寺内众僧拥戴，不久就被众僧推选为住持。

一天傍晚，一位眉清目秀，美丽动人的女施主来到寺里，问枳松道："我看师傅气度不凡，相貌堂堂，胸有才略，何苦来这深山老林苦苦修行呢？"

枳松一言不答。

那妇人又说："小妇人年前丧夫，孤身一个，尚有些薄产，若师傅有意还俗的话，你我二人永结伉俪，也好安度后生。"

一向严守规诫的枳松心平气和地拒绝说："贫僧已皈依佛门，万相皆空，请女施主好自为之。"

无论这位女施主怎么劝，枳松都无动于衷。过了一会，女施主突然转身跑掉，跳入了大剑山的悬崖中。枳松大惊，心想，我一个出家

人竟闹出人命，佛法怎容？于是，他自己也纵身跳下崖去了。

其实，那位女施主是观音菩萨的化身，是故意来考验枳松的。

经过这一番考察，观音菩萨认为枳松是个虔诚的弟子，就用一朵祥云把他接到了西天极乐世界。

后来，枳松跳下去的这个悬崖便被人称为"舍身崖"了。

剑门山峰众多，各有景致独特之处。常言道："到了剑门关，必定上梁山；不上梁山寺，无处论雄关"。梁山寺也是剑门风景的精粹。

据说，梁武帝当年来到剑门以后，曾拜志公禅师为师，要求出家修行。

因志公曾是梁武帝的宰相，便对武帝说："你曾是我的君王，应当去梁山的山顶修行。"

梁武帝去了梁山山顶的一个寺庙，参悟佛法回朝以后，这个寺庙就用梁武帝的姓叫作梁山寺了。

梁山寺始建于唐，历代有修葺，清时扩建为两进四合院，建筑面积947平方米。

梁山寺的寺院坐北朝南，在山门中高悬着写有"梁山寺"三个金光大字的巨匾，在大门两旁的柱上有黑漆鎏金楹联。

梁山寺正殿的"大雄宝殿"这四个字，是清末翰林剑州布政使兼

书法家李榕所书写的。正殿的左门挂着一副楹联，是清朝剑阁县张王乡举人任翥所写的：

门外飘香，满树荆花挥佛面；
堂中说法，一池清水映禅心。

对联的横额则写着"同归大乘"。殿内两侧的四根柱子上金龙卷腾，正中有三尊端坐莲台的佛像，分别是手捧药钵的药师佛、作说法印的释迦牟尼和手持莲花的阿弥陀佛。这三尊佛像的两侧侍立着阿难和伽耶，两壁厢塑的是十八罗汉。

这十八罗汉形态各异，有贩夫走卒，商旅，也有将相、帝王，这是大乘佛教宣扬佛法的一种方式，通过十八罗汉的形象告诉世人，人人有佛性，不管你是何身份地位，只要一心向佛，皆可成佛。

大雄宝殿的右侧就是藏经楼，藏经楼门柱有一副楹联，横额是"法海金波"，殿内供奉着三尊佛像。梁山寺中还有僧房、香积厨、斋堂、职事堂和茶堂。

寺院中有一棵树龄数百年的紫荆树，还有一汪水深数尺，冬夏不涸的长方形水池，名叫"乌龙池"。乌龙池里的乌龙指的其实是黑背、金腹、四脚、宛若龙状的蝾螈，人称"乌龙"。

乌龙池中有一块呈黑、白、灰等色的刻有鸟、虫、兽花纹的椭圆花石，被称为"镇山崖"。

这是因为据说有一年，梁山寺乌龙池中的池水受灰尘落叶污染变臭，寺中的志公和尚就摘下一粒胸前的佛珠投入池内。这粒佛珠落地时突然变为花石，池水就又变得甘甜可口。

后来，那佛珠石越长越大，还生出了美丽的花纹，因此被寺中的人尊为"镇山崖"。

相传当年梁武帝参悟佛法，离开梁山时，曾经把树种向梁山寺的周围撒去。因此后来的梁山寺右侧就有了十数个独立而相依的峰峦组

成的翠绿屏障，人称翠屏峰。

翠屏峰云雾缭绕，青翠欲滴，绿色丛林布满山岭，有庐山之美、黄山之姿，又因三座主峰酷似笔架，所以又名"笔架山"。

每逢春夏时节，翠屏峰山花烂漫，入秋后，满山霜叶成焰，层林尽染，与青松翠柏红绿相映，色彩斑斓。冬至后，峰顶白雪皑皑，翠绿同瑞雪辉映，奇观诱人。

翠屏峰峰外向北是个绝壁峭崖，西与梁山寺、舍身崖、雷公峡诸峰相接，东同老鸦寨、桃花峰、东山寨、照壁崖相边。

在翠屏峰下有一石窟，相传是梁武帝收藏经书的地方，因此叫经皇洞。

据说，开辟了"开元盛世"的唐玄宗在躲避安史之乱的时候曾在经皇洞里斋戒，同时诵经拜佛，进香读经。经皇洞洞深10余米，宽30米，洞内可容纳数百人。经皇洞下有一湖，叫翠屏湖，湖面清幽。

知识点滴

梁山寺附近有个志公影像崖，在剑门关口西，志公寺上端。

相传志公和尚原本是梁武帝萧衍的丞相，因避西后乱，隐居出家，来到剑门，并建了寺庙。由于他专心致志修身念佛，又为剑门山人做了许多好事，他圆寂后，后人为永久怀念他，便请来高明画师，将其神像绘在剑门关的石壁上，渐渐的，石壁上竟然长出了志公的影子。

所以诗人陆游在题《志公院》诗的跋文中写道："志公院在剑门东五里，石壁间有若僧负杖者，杖端仿佛有刀尺拂子之状。"

广东梅关

梅关，古称秦关，又称横浦关，宋时立关于梅岭，刻有"梅关"两字，遂称梅关。梅关坐落在广东南雄梅岭顶部，两峰夹峙，虎踞梅岭，其如同一道城门将广东、江西隔开。

梅关历来是南北交通要道，也是兵家必争之地，具有南雄"居五岭之首，为江广之冲""南北咽喉，京华屏障""岭南第一关"的称誉。千百年来，在梅关及其周围一带发生了许多有影响的历史事件。这些事件书写了一幅波澜壮阔的梅关历史。

秦王为进岭南命人建横浦关

相传，在战国时期，大批越人迁往五岭之南，五岭包括大庚岭、骑田岭、萌渚岭、都庞岭、越城岭。其中一支以梅绢为首的越人，翻山越岭来到大庾岭上，被眼前的岭南风光所吸引，决定在这一带安营扎寨，他们发扬了越人勇敢顽强、刻苦坚韧的民族传统，艰苦创业，使这带迅速兴盛起来。

因为梅绢是为首率队的拓荒者，后来又因破秦有功而受项王封为十万户侯，因此，后人们就把这

一带称之为梅岭。

梅岭自从被越人开发后，便成了中原汉人南迁的落脚点，中原文化逐步在梅岭生根开花，并向岭南传播开去。梅岭地势险要，易守难攻，为粤赣交通咽喉，兵家必争之地。

公元前221年，秦始皇统一六国后，制定出对国境北方筑长城以防御匈奴，对国境南方则开关辟道，积极筹划治理岭南的策略。

但是，连绵不绝的五岭山脉，是岭南与中原之间巨大的屏障，也是历朝中原帝王，迟迟无法统一岭南的主要障碍。

公元前218年，秦始皇派遣武将屠睢统率五军，南征百越。越人出没在五岭丛林之中，依山还击。加之岭南的山路崎岖，粮饷转运十分

困难，以致秦军受到重创。

为了解决秦军的后勤补给问题，秦始皇找来监御史史禄，给他10万人力，让他在广西兴安县境内修建一条人工运河，以便转运粮饷。

四年后，这条人工运河终于凿成通航。后来，汉代马援，唐代李渤、鱼孟威又继续主持修筑运河。

这条人工运河被称为灵渠，连接了湘漓两水，沟通了长江和珠江水系，联通了我国南部的水运网，使秦军的粮草补给和兵源补充问题得到了解决。

灵渠修建后，秦始皇又派遣任嚣、赵佗等率兵攻取南越，终于取得了成功。秦始皇随即设置了桂林、象、南海三郡，任命任嚣为南海尉，赵佗为龙川令，并把50万人发来戍守五岭。

为进一步进入岭南，公元前213年，秦始皇又派遣官兵在五岭开山道筑三关，也就是横浦关、阳山关、湟溪关，打开了沟通五岭南北的三条孔道。其中的横浦关，就筑在大庾岭东段的梅岭顶上，也就是梅关。

横浦关也称秦关，它打开了沟通南北的通道，成为最早的梅岭古道。虽然这条路面崎岖不平，乱石到处都是，但起码可以过人。五岭之中第一条较像样的山道就这样诞生了。从此，每天都有人从梅岭古道走过。

秦汉以后，历经三国、两晋以至南北朝，梅岭南北，战争仍甚频繁，梅关日显重要。隋朝统一全国后，为确保南疆安全，于590年设置了大庾县，后改为镇。

梅岭上有一通石碑，碑长2.7米，宽0.6米，上书有4个字："重来梅国。"重来梅国石碑立于清朝同治年间，是梅岭比较著名的古迹之一。

在1268年，南宋咸淳年间，新来的太守赵孟适早听说梅岭梅花之名，上任后就到梅岭观赏梅花。

当时正值腊月，下了鹅毛大雪，梅花绽放，山上山下茫茫一片，白雪覆盖的梅岭，分外妖娆，看到这幅景象，赵太守当即叫人拿来纸笔，亲手题写下了"梅花国"的字匾。从此，后人就把大庾县称为"梅国"。

知识点滴

唐朝重臣建议开辟梅岭驿道

　　唐朝的经济空前发展。当时的岭南经过了数百年的开发，早已不再是荒蛮之地。特别是广州，已经成为海上运输的物资集散地，而

"水陆联运"的梅岭古道，自然成为广州与中原之间的最佳通道。

这条如此重要的道路，在当时仍然只是一条弯弯曲曲的羊肠小道。车马无法通行，货物只能以人力背负。由于货物量增加，梅岭古道渐渐不堪重负。

716年，唐朝重臣张九龄向唐玄宗李隆基奏请开凿"大庾岭新路"，改善南北交通。这个建议马上得到了唐玄宗的赞同。

据说，张九龄年轻时进京科举考试，经过梅岭时看到这里只有一条崎岖的羊肠小道，小道上有许多商人非常吃力地挑着担子过往梅岭。这种景象深深地印在他的脑海中，当时他就下了决心，要在梅岭开出一条通往四海的大道。

张九龄最终选择了一条由大庾到南雄距离最短的路段，这条路比秦朝古道缩短了4千米。为了缩短这4千米，张九龄动用了大量人力，生生在大庾山梅岭的石壁上劈出一道高约40米、宽约10米、深约60米的大壑，铺出一条用片石嵌就，宽约6米、长10余千米的穿山驿道。

两年之后，梅岭古道告别了"人苦峻极"翻山越岭的境况，变成

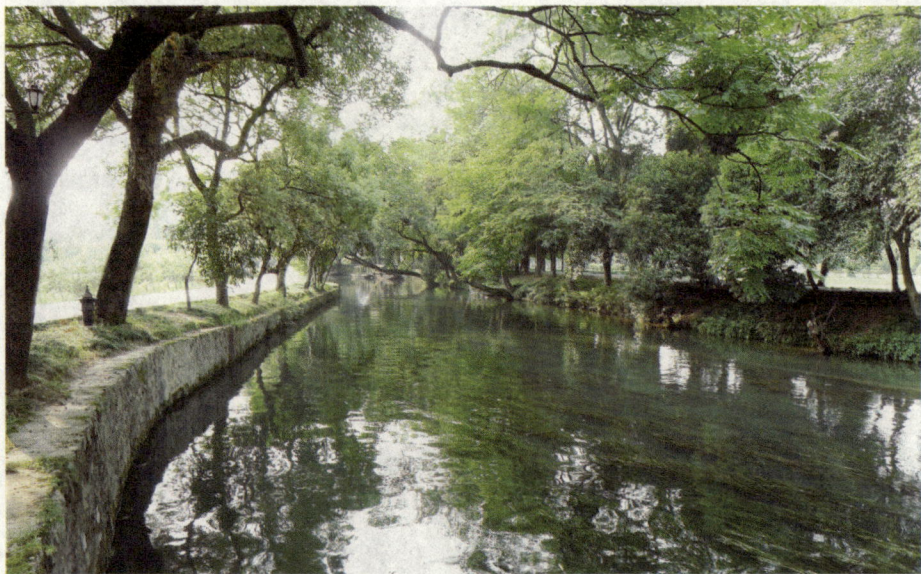

了可并行两辆马车的大山路，两旁更是移植了大量的梅花。它北接江西章水，南连广东浈江，好像一条彩带，把长江和珠江连接起来。

之后，为了方便过往官员和商旅，唐朝还在驿道沿途修建了驿站、茶亭、客店、货栈等，使过往的人有宿有息，如抵京城。人们只需骑马行45千米的陆路，就可以从长江水系转入浈江，进入珠江水系。

这条路的修建使梅岭一线真正成为沟通南北的商贸通道，并促成了著名的"海上丝绸之路"的出现。

从此，大唐帝国丰饶的物产，特别是享誉世界的丝绸、茶叶、药材、工艺品等从这里运往海洋，走进南亚、中东直至遥远的欧洲，来自各国以至岭南的物产也从这条通道驰往中原。

盛唐时期，尤其是明、清时期，南来北往路过梅关驿道的商旅、挑夫"日有数千"，直到清末粤汉铁路修筑之前，梅关驿道都是沟通长江流域和珠江流域最快捷的通道。

关于张九龄开通这条驿道，还有一个传说呢！

传说，张九龄主持开凿扩展梅关古道，一连开了七七四十九天，但工程却毫无进展。因为白天凿开的石头，晚上又会神秘地自然合拢。张九龄十分惊讶，却也没有办法。在第四十九天的夜晚，张九龄登上梅岭峰巅，对着夜色昂头长叹。

突然，山上出现了一位童颜白发的老翁，向张九龄走来，对他说："大人，这里是山神所管辖的地方，要用孕妇之血祭祀才能破开，否则，任您再干10年，也是白费力气。"说完，这位老人就消失了。

张九龄虽然得到了开石凿路的方法却又不知道在哪能找到一名愿意献出鲜血祭祀山神的孕妇，因此整日愁眉双锁、闷闷不乐。

张九龄的夫人知道这件事情之后，心想：我正是快临盆的孕妇呀！难道天意要我成全相公修路的大业吗？于是她偷偷地在神石旁洒下了自己的鲜血，使得神石得以离开，道路最终开凿完成。

后来，当地老百姓为了纪念张夫人的功绩，就在神石原来在的地方修建了庙宇，名字叫"夫人庙"，世代供奉纪念。

张九龄除了开凿出梅岭驿道以外，还在梅岭驿道上修建了一条重要的桥梁——接岭桥。

它坐落在地形险峻、溪深水急的梅山上，为单孔石拱桥，桥长8.5米，宽3.65米，拱高1.3米，由麻条石砌成。

后来，明代弘治年间朱华曾捐资重建过，当时郡守为它作记，并命名为"接岭桥口"。

梅岭驿道上还有个梅岭驿馆，位于梅岭北坡山脚下的接岭桥东面。坐东朝西，是仿古建筑，分为两部分，前部为曲折走廊，后部为数根立柱组成的半圆形房屋。走廊与房屋间，形成半圆形院落。大门为歇山顶，黄色琉璃覆盖，红色漆粉柱，楹联写着：

剪取南安半江水；

即是梅城一岭花。

唐朝诗人杜牧曾写过"一骑红尘妃子笑，无人知是荔枝来"的诗句，叙述唐玄宗为他宠爱的杨贵妃诏令八百里快骑，把新鲜的荔枝从岭南飞马传送到长安以博贵妃欢心的典故。

据传说，岭南荔枝就是经这个驿站传到长安的。

梅关一带的妇女有戴头帕的习俗，关于这种习俗的由来，还有一段传说呢！

据说，一天吕洞宾骑着白马在梅关溜达。他看到一农夫插秧，就问："你一天可以插几千几万行呢？"

农夫难以对答，吕洞宾含笑而去。回家后，农夫把这事告诉了妻子。第二天，农夫的妻子也随农夫一起去插秧。

果然，吕洞宾又来了。他又问："你究竟一天能插上几千几万行？"

农妇伸直了腰，笑吟吟地回答："你的马儿一天能跑几千几万个足迹？"

这一问，反使吕洞宾哑口无言。他说："民家女，真聪明，来来来！仙家赏给你一条头帕。"

说完便腾云驾雾而去。后来这种头帕就在梅关一带广泛流行了起来。

知识点滴

宋代官员派人重建关隘关楼

秦始皇时期，在梅岭修通南越道，筑横浦关，并有军队守关。那时的横浦关关楼正是梅岭最早的关楼。后来因为年久失修，这个横浦关关楼倒塌了。

唐代的张九龄虽然凿通了梅岭驿道，却因为是太平盛世，经济繁荣，在梅关驻守的军队时有时无，因此也没有修筑关楼。

到了宋代，朝廷在这里设置了南安军，强化了章江

漕运及盐粮茶等专营物资的运输管理。

1063年，南安知军蔡挺在梅岭驿道口建筑关楼，两层建筑，并命名为"梅关"，梅岭驿道也随之被改称为了"梅关古道"。

蔡挺还和他的哥哥广东转运使蔡抗协议，以砖石分砌南北岭路。从此，这里就有"唐凿路、宋立关"的说法。

梅关古楼俗称"一脚踏两地"。这里石壁对峙，地势险要，有"一夫当关，万夫莫开"之势，又是南北来往的重要关卡，所以历来是兵家必争之地。

后来的梅关关楼是宋朝建立的，有上千年的历史。因为历代以来的战争原因，梅关的关楼累圮累修，关楼上层倒塌，仅存关门。

在城楼北面的城门上，有个石碑刊刻的是"岭南第一关"五个大字，落款是明万历南雄知府蒋杰书。关楼的北面东侧是登关楼的唯一通道。

西侧竖立着一块赭红色大石碑，上面刻有"梅岭"两个大字，碑高2.7米，宽1.2米，为清康熙年间知府书题，字迹刚劲有力。

梅关关楼的城门南北两方都有石匾，南面石匾阴刻的是"南粤雄关"四个大字。城门两侧则一副有对联写着：

> 梅止行人渴；
> 关防暴客来。

相传题写这副对联的是清光绪年间，闽南的一个叫李化的商人。一个商人怎么会为梅关写对联呢？这里边还有一个故事呢！

李化出生在一个家道殷实的商人家庭。他的父亲历经磨难，挣下一份产业，企盼儿子用功读书。然而，李化虽然资质聪颖，却生性顽皮好动，不肯读书。

有一天，李化的父亲接到一位要好朋友的信，好友说他在广东韶州做生意，特邀请他去一同经商。

可李父不想去，便让儿子代父前去，跟他学做生意，将来好图个发展。

李化正嫌呆在家中无聊，就十分高兴地答应了。

几天后，李化带了一个仆人，挑着货物上路了。抵达南安后，由于旅途劳累，没有细细打听梅岭的情况，就早早安歇了。

第二天清早，李化与仆人行至梅岭驿站时，驿使告诫他们说，有些饥民上山为匪，时常抢劫财物。

李化不以为然，但当他们走到梅岭一个山坳时，从山上冲下一伙强盗，将他俩推倒在路旁，挑起货物就走，一会儿就不见踪影了。

李化十分懊悔，带着仅剩的一点盘缠空手往韶州而去。到达目的地后，李化父亲的朋友安排他在店中做事，亲自教李化如何识货、调货等经验。由于李化思乡心切，就选购了一批货物带回家。

因货物较多，李化就请了镖师陪同押送过梅关。正因为这样，终于安全通过梅岭到达南安府。

李化在南安逗留时，在客栈想起自己经过梅岭的情景，经过一番斟酌，提笔写下"梅止行人渴；关防暴客来"这副对联，然后委托店家转交当地府衙，其言下之意是希望官府加强梅岭驿路的防盗安全。

后来，为告诫南来北往的客商，就有人将李化拟就的对联题写在了梅关关楼上，用来警示后人。

在梅关关楼处，还有众多的梅树，据说，这是北宋时的一位女诗人种上去的。当时，这位女诗人随父去广东英德任职，经梅岭返家时，她发现梅岭的名梅很少，就捐了30棵种在路旁。

南宋时期，南安知军管锐也在梅岭大量种植梅，以使梅岭名副其

实。不到百年后，又一位南安知军赵孟适发现梅岭上下驿道尽是梅，就题写了"梅花园"三个字。那时的梅岭已经是漫山遍野的梅花盛开，清香袭人了。

到了元明两代，南安和南雄地方官也曾多次在梅岭种植松梅，以符其名，正德年间一度补植梅。

梅岭驿道在明清时，曾几经维修扩建，更趋于平坦宽阔。其中尤以1479年时，南安知府张弼雇用人力的扩修规模最大，质量最高。

由张弼主持修筑的路面，从县城驿使门至梅关约13千米，全以鹅卵石铺设，并用长条青石固定其边幅。同时，遇水则架桥。

到了1840年后，梅岭驿道日趋衰落。最后只有岭下广大桥至梅关一段保留了下来，这段驿道路面最宽处有4.5米，最窄处也有3.5米以上。

梅关附近有座望梅阁，原称望梅亭，最初建于宋代。

望梅阁位于梅关北部山坡，距驿道25米处，倚石壁而建。阁楼分为两层，高6米，底层2.5米，为开放型廊柱式结构。

阁楼的上层，西半段为东西向长廊，长约7米，宽4米，两边有栏杆，水泥长凳可供游人息坐，两根红色立柱上写有一副对联：红白花开两样雪；往来人占半边山。

入阁正门写着"望梅阁"题匾。东半段为双重檐正方亭，边长4.7米，亭柱联为：珠帘幕卷西山雨；阁道回看梅岭花。

甘肃玉门关

　　玉门关始置于汉武帝开通西域道路并设置河西四郡之时，因西域输入玉石时取道于此而得名。玉门关在汉代时是通往西域各地的门户。

　　公元前116年至公元前105年修筑酒泉至玉门之间的长城时，玉门关随之设立了。在当时，玉门关与另一重要关隘阳关都是都尉治所和重要的屯兵之地。

　　多少年来，玉门关早已不再是存在于西北苍凉地域上的一座城池或关隘了，而是边塞情怀里绵延千年的一个符号或一座丰碑。

丝绸之路的重要关口

汉武帝刘彻是我国西汉时期的第七位皇帝，他奠定了中华疆域版图，首开了丝绸之路。

丝绸之路将我国的丝绸、漆器、铁器、桃、杏、梨、冶金术、凿井技术、养蚕技术、四大发明等传到了外国，而来自外国的是汗血宝马、胡萝卜、葡萄、核桃、大葱、芝麻、黄瓜、蚕豆等。

在我国丝绸之路上，来往着无数的商队。为了确保丝绸之路的安全与畅通，在大约公元前121年至公元前107年间，汉武帝下令在甘肃敦煌的小

方盘城，也就是丝绸之路通往西域北道咽喉的要隘处，修建了一个关卡，这里是西域输入玉石的主要道路，因此就取名为"玉门关"了。

玉门关的关城为正方形，黄土垒就的城墙，高10米，上宽3米，下宽5米，东西长24米，南北宽26.4米，面积633平方米，西北各开一道门。

关于玉门关名称的来历，还有另外一个传说呢！

在古时候，玉门关附近地形十分复杂，沼泽遍布、沟壑纵横、森林蔽日、杂草丛生。每当丝绸之路上运玉石的商队赶上酷热天气上路时，为避免白天人、畜中暑总是会在凉爽的夜晚赶路。

但是，夜晚驿站附近的道路总是被黑暗笼罩着，导致商队辨不清方向，就连经常往返于此路的年老马匹也会晕头转向，难以识途，因此这段路途便名"马迷途"。

在往返于马迷途的众多商队之中，有一支专贩玉石和丝绸的商

队，常年奔波于这条道路上，也常常在马迷途这里迷失方向。

有一次，这个商队刚进入马迷途就迷了路。正在人们焦急万分之际，不远处落下一只孤雁。商队中一个心地善良的小伙子发现了这只孤雁，就悄悄地把它抓住抱在怀里，准备走出马迷途后再放掉它。

不一会儿，只见大雁流着眼泪对小伙子"咕噜咕噜"地叫着说："咕噜咕噜，给我食，咕噜咕噜，能出迷途。"

小伙子听后恍然大悟，知道大雁是因为饿得飞不动了才掉队的，就立即拿出自己的干粮和水喂这只大雁。大雁吃饱以后，就飞上天空，不断飞翔，领着商队走出了马迷途，顺利地到达了目的地的小方盘城。

过了一段时间，这支商队又在"马迷途"迷失了方向，那只大雁又飞来了，又在空中叫着："咕噜、咕噜，商队迷路。咕噜、咕噜，方盘镶玉。"

大雁边叫边飞，又一次引着商队走出了"马迷途"。大雁飞走时所说的话，只有救那只大雁的小伙子才能听得懂。

这个小伙子就把大雁的意思转告给领队的头领说："大雁叫我们在小方盘城上镶上一块夜光墨绿的玉石，以后商队有了目标，就再也不会迷路了。"

头领听后，心里一盘算，一块夜光墨绿玉要值几千两银子，实在舍不得，就没有答应。

没想到后来商队又一次在"马迷途"迷了路，导致数天找不到水源，人人嘴干舌燥，口渴得寸步难行，连骆驼都干渴地喘着粗气，生命危在旦夕。

正在此时，那只大雁又飞来了，并在上空叫道："商队迷路，方盘镶玉，不舍墨玉，绝不引路。"

小伙子听后急忙转告头领说："大雁说，如果舍不得镶嵌墨玉的话，它就不会再为咱们引路了。"

头领慌了手脚，连忙和小伙子商量对策。小伙子说："你赶快跪下向大雁起誓'一定镶玉，绝不食言'，否则，咱们真有危险了。"

头领马上按照小伙子所说，跪下向着大雁起誓说，如果大雁肯为我们引路，那么走出迷途之后，我们一定会镶嵌墨玉的。

大雁听后，在空中旋转片刻，把商队又一次引出了"马迷途"，使商队又一次得救了。

走出"马迷途"以后，商队的头领没有食言，立刻在自己的商队里挑了一块最大最好的夜光墨玉镶在当地关楼的顶端。每当夜幕降临之际，这块墨玉便发出耀眼的光芒，连方圆数十千米之外都能看得清清楚楚。

后来，自从有了夜光墨绿玉作为路标后，过往商队就再也没有迷路了。

那个关楼上有了一块玉，从此这里就改名为"玉门关"了。

知识点滴

玄奘是唐代高僧，我国四大名著之一的《西游记》，写的就是玄奘取经的故事。在《西游记》中，玄奘的取经之行得到了唐王朝的支持，并有李世民亲自为其送行。然而在历史上，玄奘是逃出去的。

玄奘逃出玉门关后，历时十多年，经历了种种磨难，终于取回了真经，被称为一代高僧，流传千古。

玉门关的历代迁址

公元前121年至公元前107年间，西汉的第五位皇帝汉武帝下令修建两关，即阳关和玉门关。

关于汉代玉门关的情况，据史书《汉书·地理志》记载，汉代的

玉门关与另一重要关隘阳关，均位于敦煌郡龙勒县境，皆为都尉治所，为重要的屯兵之地。

在当时，玉门关与阳关战略位置十分重要，中原与西域交通必须取道两关。在王莽末年，中原与西域断绝了来往，玉门关也随之关闭。东汉初期，西域大道北移，玉门关的关城再未复建。

对于汉玉门关的关址，唐宋时期的一些古籍，如《括地志》《元和郡县图志》等，均认为汉代玉门关的关址在唐寿昌县西北59千米处。唐代的寿昌县，就是后来敦煌南湖的寿昌故城址。

而敦煌遗书《沙州图经》《沙州城土镜》《寿昌县地境》等则都认为，汉玉门关的关址在唐寿昌县北的80千米处。

还有人认为，最早的汉玉门关在敦煌之东，即玉门县，就是后来玉门赤金附近。公元前103年，汉将李广利伐大宛后才迁到敦煌西北。

后来，人们依据敦煌马圈湾等地烽燧遗址所出的汉简，以及对当地地形、驿道相关位置等考证得出结论认为，玉门关应位于临要燧东

侧，玉门侯官燧西侧，似在小方盘城西11千米的马圈湾遗址西南6千米处，通往西域的古驿道就从此高地中间穿过。

根据记录我国古代佛教法相唯识宗的创始人玄奘所著《大慈恩寺三藏法师传》的记载，当年玄奘法师西行求经，于629年的秋天抵达瓜州晋昌城，也就是后来的甘肃省安西锁阳城。

玄奘渡过葫芦河，通过了河上的玉门关。据此，人们普遍认为，隋唐时期的玉门关位于锁阳城北30千米处，也就是安西县城东50千米处的疏勒河岸双塔堡附近。

隋唐时期的玉门关地址后来移至距离汉玉门关东240千米之处，这里正处于交通枢纽地位，东通酒泉，西抵敦煌，南接瓜州，西北与伊州相邻。

而且傍山带河，地势险要。其四周有山顶、路口、河口要隘，还保存有古烽燧11座，如苜蓿烽、乱山子烽等。

隋唐时期的玉门关是夯筑，残宽3.5米至4米，残高0.3米至0.75米，南北160米，东西155米，开东、西两门，四周环以护城河。关墙内外散落着大量素面灰陶片、碎砖块、花岗岩石条、残石磨等。

后来，五代宋初的时候，玉门关的地址又移动到了肃州城西35千米至50千米之处，也就是距离隋唐玉门关东边200千米一个叫"石关峡"的地方。

关于玉门关东移原因有两个方面。一是从当时河西走廊一带的政治军事形势来看，石关峡的位置正当东面的甘州回鹘与西面的瓜沙归义军政权的分界处，自然成为东西交通的要门；二是与当时第五道的废弃，以及沙州社会长期稳定，沙州及其以西道路的畅通密切相关。

第五道虽然驿程较短，可以从瓜州直接到达伊州而无需绕行敦煌，但要穿越400千米的莫贺延碛，缺乏水草，路况险恶。

反过来，如果由瓜州绕经沙州再至伊州，这个路程相比于第五道远了近50千米，但沿途戈壁沙漠的规模较小，水草条件稍好，行走比较容易。

在宋代初期的敦煌遗书等史籍中可以看出，这一时期瓜州、沙州社会安定，穿越河西走廊来往的行旅皆经由沙州而往，而未见有人走第五道的，表明该道已弃之不用了，该道上设置的唐玉门关也随之废弃，被新的玉门关所取代了。

在玉门关一带，每年春节，乡村群众都会自发组织各种社火表演活动。社火是我国西北地区古老的民间艺术形式，是指在祭祀或节日里迎神赛会上的各种杂戏、杂耍的表演。

社火的规模从几十人至上百人不等。玉门关一带的社火种类多，花样新，既有本地土色土香的传统社火，也有外地的精品社火。

甘肃阳关

　　阳关位于我国河西走廊的甘肃省敦煌西南70千米南湖乡的古董滩上，因为建在了玉门关的南面，因此被称为"阳关"。

　　阳关，始建于汉武帝元鼎年间，当时汉朝在河西"列四郡、据两关"，阳关即是两关之一。

　　阳关是古代陆路交通的咽喉之地，也是陆上丝绸之路南路必经的关隘，通西域，连欧亚，名扬中外，情系古今。阳关还是中原与西域的分界点。在我国古代时期，"西出阳关"就意味着生离死别。

丝绸之路的南道关隘

    汉武帝刘彻是我国古代西汉时期的第七位皇帝，在公元前141年登基。公元前121年，汉武帝派骠骑将军霍去病及合骑侯公孙傲出陇西，发动了河西战役。这次战役匈奴大败。匈奴昆邪王率40000人来降。

    汉武帝以河西地置武威、酒泉两郡。并从那时开始了河西长城的建筑。根据我国第一部纪传体通史《史记》记载，在公元前111年的时

候汉武帝"列四郡，据两关"。其中的四郡，指武威、张掖、酒泉、敦煌。两关，指的就是玉门关和阳关。

阳关位于河西走廊的敦煌西南70千米南湖乡"古董滩"上，因坐落在玉门关之南而取名"阳关"。由于阳关的地理位置独特，历来都是兵家必争之地。从汉代开始，阳关就曾设都尉管理军务。汉代至唐代，阳关一直是丝绸之路南道上的必经关隘。

以后的许多王朝都把这里作为军事重地派兵把守，数不清的将士曾在这里戍守征战，数不清的商贾、僧侣、使臣曾在这里验证出关，数不清的文人墨客为阳关留下了不朽的诗篇。

后来的唐代高僧玄奘从印度取经回国，就是走丝绸之路南道，东入阳关返回长安的。

由于历史久远，阳关关城烽燧能够保存下来的非常少。特别是至宋代以后，因与西方交流的陆路交通衰落，阳关的古关逐渐被废弃。

关城废弃后，关于阳关的具体关址也引起了争议。有一位学者在考察阳关时曾写道：

> 今南湖西北隅有地名古董滩，流沙壅塞，而版筑遗迹以及陶片遍地皆是，且时得古器物如玉器、陶片、古钱之属。
>
> 其时代自汉以迄唐宋皆具，古董滩遗迹迤逦而北以迄于南湖北面龙首山俗名红山口下，南北可三四里，东西流沙湮没，广阔不甚可考。

后来，人们在古董道西十四道沙渠后发现大量墙基遗址。经试掘、测量，房屋排列整齐清晰，面积上万平方米，附近有宽厚的城堡垣基。因此，基本可以断定阳关故址位于此处。

后来的阳关因为丧失了其位置上的战略意义，再加上自然条件的恶化，成了一片荒漠之地。

但是自古以来，在人们心中，阳关是一座被流沙掩埋的古城，一座被历代文人墨客吟唱的古城。它总是代表着凄凉、悲怆、寂寞和荒凉，有着独特的地位。

知识点滴

阳关玉杯，又名敦煌夜光杯，以祁连山所产优质墨玉、黄玉和碧玉为原料，经过24道工序精雕细刻而成。

阳关一带出产的这种玉杯色泽有翠绿、鹅黄、羊脂白等，光泽长久不变，造型丰富多彩，声誉最隆。带有天然纹理，石色墨绿，薄如蛋壳、手感细腻，有"一触欲滴"的美妙效果。

阳关玉杯是夜光杯，在黑暗的环境下它会发出淡淡的光，是很名贵的饮酒器皿。

开创辉煌的关口要道

　　阳关在我国历史上，曾经是一个重要的关隘，它是中原与西域的分界线，也是丝绸之路的门户。然而随着时光的流逝，悠悠千年雄关所剩下的仅有一座汉代烽燧遗址。但破败的阳关关城仍然值得探索。

阳关在西汉就建立了关城，后来随着时代的变迁，这里的地理位置不再重要，昔日的阳关城早已荡然无存，这里仅有一通阳关石碑，碑上刻着"阳关故址"4个红色大字。

促使阳关走向辉煌的因素很多，丝绸之路就是其中之一。在海运未通的我国古代时期，丝绸之路是中外贸易的主要方式，而阳关正是丝绸之路南路的重要关口。因此，丝绸之路与阳关的兴衰就此结下了不解之缘。

　　阳关相当于我国古代的"海关"，有了通关文牒，才能出入阳关。阳关在我国历史文化中占据着重要的地位。

　　汉武帝执政时，为联络被匈奴从河西赶到西域的大月氏人共同夹击匈奴，汉武帝招募人才去西域。当时，渴望为国建功立业的张骞，毅然应募。

　　公元前138年，张骞带着百余名随从从长安西行，通过阳关一带，来到西域。

　　在出行途中，张骞等人被匈奴人捉住，扣留了11年。但他不忘使命，设法逃脱，辗转到达大月氏。

　　那时大月氏西迁已久，无意再与匈奴打仗。于是，张骞返回长安，向汉武帝报告了西域的见闻，以及他们想和朝廷往来的愿望。

　　公元前119年，汉武帝派张骞第二次去西域。张骞一行带着上万头牛羊和大量丝绸，到西域各个地方。归来时，西域各地也派人来到长

安。从此以后，朝廷通往西域之路被打开。

正是因为有了张骞从阳关、玉门关的出行，才有了后来的丝绸之路。张骞去西域后，朝廷对西域的各种情况已经有了大致的了解。

为了促进西域与长安的交流，汉武帝招募了大量身份低微的商人，携带朝廷配给的货物，到西域各地经商。

这些具有冒险精神的商人，勇敢地跨出阳关、玉门关，进入神秘的西域，他们中大部分成为富商巨贾。首批商人的成功，吸引了更多人西出阳关、玉门关，从事丝绸之路上的贸易活动。

从此以后，我国和中亚及欧洲的商业往来迅速增加。通过这条贯穿亚欧的大道，我国的丝、绸、绫、缎、绢等丝织品，源源不断地输向中亚和欧洲。

因此，希腊、罗马人称当时的我国为"赛里斯"国，称当时的国人为"赛里斯"人。所谓"赛里斯"也就是"丝绸"的意思。

在以后的发展中，丝绸之路的线路被分为几段，一般认为，丝绸之路可分为三段。除了三段的划分外，丝绸之路还有3条线路，而阳关是南路门户。

丝绸之路的东段，是从当时的都城长安到阳关、玉门关。由此可以看出，丝绸之路的东段全在汉朝的疆域之内，线路的选择，主要考虑的是翻越六盘山以及渡黄河的安全性与便捷性。

因此，丝绸之路东段的三线均从长安出发，到武威、甘州汇合，再沿河西走廊至敦煌。

丝绸之路的中段是从阳关、玉门关向西至葱岭。中段主要是西域境内的诸线路，它们随绿洲、沙漠的变化时有变迁。由此，丝绸之路的中段被分为南、中、北三条线路。

南道，又称于阗道，东起阳关，沿塔克拉玛干沙漠南缘，经若羌、和田、莎车等至葱岭。中道则起自玉门关，而北道起自安西。

自葱岭以西，直至欧洲是丝绸之路的西段。和东段、中段在汉朝开辟不同，西段是在唐代开辟的。它与中段的北、中、南三线分别相接对应，连成一个完整的丝绸之路。

从丝绸之路的线路可以看出，阳关与北面的玉门关是丝绸之路东段与中段的分界点，也是中原汉、唐等王朝与西域诸国的"海关"，其重要性不言而喻。

在历史上，除去与国

外通商的意义之外，阳关的另一个重要意义，就是军事要塞。

丝绸之路的开通，极大地推动了中原与西域之间的物质文化交流，同时也使汉朝在收取关税方面取得了巨大利润。为了加强对西域的控制，公元前60年，汉王朝在西域设置西域都护府，总管西域一切事务。

以汉朝在西域设立官员为标志，丝绸之路这条东西方交流之路开始进入繁荣的时代。

公元97年，东汉将军班超开始经营西域，他重新建立起了汉朝在中亚地区的主导地位后，派甘英携带大量丝织品到达条支，我国与埃及最早的沟通就是在这一时期。

较晚的《后汉书》还有166年罗马使节通过丝绸之路来到我国，并在我国建立了大使馆的纪录。

当时，通过丝绸之路，印度、东南亚、斯里兰卡、中东、非洲、欧洲和我国之间的贸易迅速发展，无数新奇的商品、技术与思想源源不断地在欧亚非三大洲的各个国家流动。

远在西方的罗马人很快就加入到这条商道中，因为我国的丝绸轻盈、精细。光耀夺目、艳丽华贵的丝绸是罗马贵族男女显示高贵身份的象征。

那时，丝绸成为罗马人狂热追求的商品。古罗马的市场上，丝绸的价格曾上扬至每磅约12两黄金的天价。这造成罗马帝国黄金大量外流，还迫使元老院断然制订法令，禁止人们穿着丝衣。

丝绸在西方各地广受欢迎，自然也就刺激了丝绸之路的繁荣。当时，阳关外的阳关古道上，每日来自印度、波斯等国的客商不断，使阳关这个军事要塞呈现一片繁荣景象。

然而，当我国进入东汉以后，当时的朝廷逐渐放弃了对西域的控制，令西域内部纷争不断，商路难以通行。当时的东汉朝廷为防止西域的动乱波及本国，经常关闭阳关、玉门关，这些因素最终导致丝绸

之路东段天山北南路的交通，陷入半停滞状态。

唐代及以后的宋元王朝统治时期，丝绸之路又兴盛起来，但由于关卡林立，赋税太重，丝绸之路的兴盛程度受到了影响。

进入明清时期以后，随着海上贸易的兴起以及我国对外贸易的保守，加上西域地区的荒凉，曾经辉煌一时的丝绸之路逐渐荒废了。

与此同时，辉煌的阳关与丝绸之路一起荒废，只留下一片荒滩，成为流沙之中见证丝绸之路辉煌的遗迹。

在汉唐时期，阳关、玉门关都是中原王朝与西域各地的关口。为了防止西北匈奴、突厥等势力威胁中原王朝的安全，从西汉时期，当地官吏就开始在阳关发放通关文牒，以作为出入阳关的凭证。这种凭证类似于后来的出国护照。

当时，驼队商旅们，包括一些僧侣，凡是要去西域，都得在阳关申拿关牒后才能西行。而西域诸国，也很重视由阳关都尉盖印签发的关牒。在古典小说《西游记》中，就曾多次提到通关文牒。

无论是西域人来汉，还是汉朝人西去，出入阳关，都须通过严格验证盖着阳关大印的关照才可放行。一照在手，便可以畅通无阻了，后人将"关照"引申，变成给照顾、行方便等意思所以后来"关照关照""多多关照"等语言，便流传开来。

阳关还有一个文化符号，那就是阳关道。阳关道的说法当然也是来自阳关。

阳关之外的那条道就是阳关古道，它也是丝绸之路的一段。在丝绸之路繁荣的时期，阳关通往西域的这条古道上，曾经商队络绎，驼铃叮咚，可以说是当时最繁忙的一条路。

从尚存的阳关大道宽约120米可以看出，当年的阳关道必是车水马龙，十分壮观。因此，后来的历史学者和文学家称这条古道为"阳关大道"。

因为阳关的繁华，后来民间还流传着："你走你的阳关道，我过

我的独木桥"的谚语。这里用独木桥和阳关道相对称，都属于道路的两个极端，独木桥的狭窄，正好反衬阳关道的宽广。

意思就是你有阳关道可走，前途一片大好，尽管我只有独木桥可走，你也不要干涉我的事，我们井水不犯河水。

同样源于宽广的意思，阳关道这个通向西域的大道，后来又被用来泛指通行便利的大路，也可以比喻有光明前途的道路，成为康庄、光明、幸福之路的代名词。

阳关也许只是昔日的一个军事要塞，只是丝绸之路上的一个关隘，只是一堆砖石堆砌起来的一个建筑。然而，正是这堆砖石，却被赋予了许多哲思和诗情，从此具有了文化意义，并成为了我国博大的中华文化的一部分。

知识点滴

阳关一带的美食还有敦煌酿皮子。酿皮子晶莹黄亮，光洁如玉，拌上特殊的佐料后味酸辣，柔韧爽口，食用方便，是极为普遍的一种民间小吃、当地快餐。

酿皮子是一种麦面制品，制作时先将优质面粉加水和匀，然后将面团置入清水中翻搅抓揉，使面粉中的淀粉与蛋白质充分分离，剩下蛋白质，俗称面筋。而溶解于水的面浆，便是加工酿皮子的原料了。

在水滚沸后，将面浆舀入铁皮圆盘中涂匀，放入开水中煮几分钟，面汁为饼便成为酿皮子。

然后，将饼状的酿皮切成细长条，放几片面筋，加一点芥末、蒜汁、辣椒、香油等便可食用。这种制作简单的敦煌酿皮子价格不高，味道不错，特别受阳关一带人们的喜爱。

山西太行关

　　太行关古称"天井关"，建于公元前22年，也叫"雄定关"，是豫晋边境第一雄关，位于晋城南20多千米，泽州县南部晋庙铺镇太行山最南麓天井关村，因关南有深莫能测的天井泉三处而得名。天井关南延25千米，分大、小两个关隘口，沿途有很多关城、古道和堡寨。

　　太行关古为豫晋边界，位于太行山的最南部，是通往河南沁阳的关隘，史称"太行八陉之一"。古为南北要冲，从春秋战国至明清时期，干戈迭起，为兵家必争之地。

太行道的古代建筑

太行道又称"丹陉"，陉阔三米，长20千米，雄踞太行山南端，是太行八陉最为重要的一条古代通道。

周围峰峦叠嶂，沟壑纵横，古隘丛峙是豫北通往泽州一条重要交通孔道，历史上为南控中原、北抵泽州的重要军事要道。形势雄峻，素称"天险"。由此陉南下可直抵虎牢关，是逐鹿中原要陉之一。

据史书记载，此起泽州县天井关，南至河南沁阳常平村

之间的太行道，山路盘绕似羊肠，关隘林立若星辰，地理位置十分重要。特别是天井关，更是天下名关，古人称其是"形胜名天下，危关压太行"。

从西汉时期设立天井关后，历朝历代这里纷争不断，兵戈迭起，大小战争数百起，给这里留下了丰厚的文化积淀。

这一带关隘共包括羊肠坂、磐石长城、碗子城、古长城、孟良寨、焦赞城、关爷岭、斑鸠岭、揽车村、天井关等多处要塞。

星轺驿和天井关有着密切联系，并与古道共存亡。星轺驿以南的横望隘、小口隘、碗子城，则是天井关所辖的重要关隘，从春秋战国时期至明清时期，这里干戈迭起，硝烟不散，为历代兵家必争之地。

横望隘和小口隘，位于天井关村以南12千米处的太行绝顶，是晋豫古道上的重要关口。

横望隘也叫"大口隘"，因唐代宰相狄仁杰自汴州北上路经此地

时，登山遥望，白云孤飞，他便想起留在河阳的父母而怀情吟诗，泽州太守为之刻石纪念，横望隘因此得名。

相传北宋大将孟良曾在此筑寨，把守关口，因此叫作"孟良寨"。

小口隘位于小口村南的山梁上，两边山岭高峻，崖悬沟深。607年的时候，隋炀帝南上太行，想到河南沁阳的御史张衡家中，为此专门开道45千米，由此通过。

北宋时期大将焦赞在此修筑城寨，防守关口，叫作"焦赞城"。时隔千年，焦赞城已不存在，而孟良寨由于修筑坚固，寨墙仍屹立在太行山的高岗上。

因为战争需要，太行道沿途建筑了不少古寨和墩台。他们因山势而建，形制各异，古寨有碗子城、磨盘寨、焦赞城、孟良寨、韦铨寨、寨河寨、清风寨、大寨、小寨等。

寨栅之外，因为传递讯息的需要，仍有墩台十余个，分别为万善墩、碗子城左右双墩、大口墩、油坊墩、小口墩、黑石岭墩、水奎墩、天井关墩、道口墩。

其建设修缮状况，有据可查的仅有《凤台县志》里记载碗子城道：

碗子城，县南四十五里。唐初置此，以控怀泽之冲。其城甚小，故名。

至1861年，为防获嘉李占标起义兵北上太行，泽州知府派兵在太行布防，凤台知县阮菜调四乡团练10000人防守，并"置墩台以塞城外之路，高与城齐，筑牛马墙数十余丈属于台，以护城。"又在碗子城中"修建兵房六间"，以使守关吏卒在风雨寒雪时能够避居。

与此同时，重修小口城墙，并在城外用土堆成数个烽火台，在台下修筑关门。又在门内修建几间房子，"规制略如碗子而杀之"，于是"守备大固，人心悉定。山下烽火照关门，卒无有一人一骑草山而近址者。"这次修造共历时两个月。

因为历史的发展演变，这些建筑越来越失去其作用。古寨保存完好的只有碗子城、孟良寨、磨盘寨、韦铨寨、清风寨遗迹，其余的或有部分遗迹，或已夷为平地。

除了黑石岭墩有遗迹，水奎墩和天井关墩有一馒头状土包，其余的墩台则全都没有保存下来。其中，天井关墩已被村人称为"沿村圪堆"，后来又被命名为"擎关顶"。

太行道上的宗教建筑，见于记载的有普照寺，也就是后来的小月寺，还有大月寺、天井关文庙、天井关关帝庙、天井关玉皇庙、拦车孔庙、拦车关帝庙、冶底岱庙等。

　　大月寺位于三教河西岸，寺院四面环山，三教河流经其下。寺院东西37米，南北22米，全寺面积为814平方米。坐北朝南，背靠笔架山，东临骆驼崖，南接皇箭垴，环境幽雅。

　　据寺内碑文记载，寺院创建于1516年。大月寺在1648年和1750年的时候进行了重修。

　　寺为一进院，北有正殿五间，左右耳殿各五间，东西配殿各三间，正殿对南殿五间，右耳殿对南敞棚三间。左耳殿对倒座戏台三间，南殿与戏台间开山门一个，面阔一间。

　　后来，当地又在西边增设北大殿一院3间，左右耳殿各一间，西、南两面为院墙。正殿硬山顶，面阔五间，四椽栿。殿前辟三门，门阔一间，均设六扇隔扇门。寺内后存明清重修碑碣20余通。

　　小月寺位于窑掌村北2千米的玉柱峰北，山环水绕，是泽州古代一大禅林。初名"普照寺"，始建于金代。在1516年的时候，更名"小

月院寺"。

清代星韶人张瑞祥在《月院山普照寺纪胜碑》里记述了当时小月寺环境的清幽："石壁嵯峨，飞流喷薄，乔林丹壑，兽怪禽奇。"

清代康熙文渊阁大学士陈廷敬游此后也写道：

> 树杪水溅溅，群峰蠹碧天。
>
> 松门留晓月，板屋过流泉。
>
> 谷口山城远，窗中鸟道悬。
>
> 前林少人迹，寒磬下溪烟。

冶底岱庙建于冶底村西阳坡之上。1512年，松月野叟在亮月庵所撰写的《重修东岳庙碑》记载冶底岱庙时说道：

其庙圣境者，龙泉水满，竹木森然；殿宇廊庑，次第行列，诚无浪说也。

冶底岱庙依地势而建，分为上下两院。上院正殿为天齐殿，是1080年重修而建的。这间正殿面阔三间，进深三间，是单檐歇山顶，出檐2.5米，斗栱构架循宋、金营造法式。

大殿正门外的方形覆莲石柱础、方形抹角石柱与分列四根石柱顶端的题名。1187年，古人为其雕刻了石刻门框、对狮石雕门礅，工艺精湛，铭记明确。

正殿殿内有精美的砖雕神台和木雕神龛花罩，殿顶是高2.3米的琉璃龙吻，活灵活现的工艺使两盘四爪蛟龙从天而降，腾临殿脊。

一天，魏将司马懿率一支轻骑到封地巡察，行至半山腰一开阔地，战马突然裹步不前。两随从也扬鞭催马，岂料战马竟然跪卧不起。

司马懿正在疑惑，见路旁有一怪石似乎在嘲笑他，不禁大怒，拨出随身佩剑向怪石刺去，剑身竟刺入石中不能拨出。这时，一随从禀报说，民间传说此山有一白龙神马，因此凡马不敢上山。

司马懿听罢，祈祷说，我乃魏将司马懿，请神马放行。说来也怪，司马懿祈祷完毕，战马便一溜烟似的向山顶奔去。后来，司马懿的孙子司马炎称帝后，便迫不及待地北上太行，为追思其先祖司马懿，就叫人在山上修了一座庙。后来人们就把这座山叫作"司马山"。

知识点滴

天井关的历史沿革

　　公元前17世纪初，是夏代的后期，商汤讨伐夏桀，迫使夏桀把都城安邑迁移到高都，就是后来的泽州高都。夏桀居住在镇南垂棘山的山洞里，而太行陉是安邑到高都的必经之地。在此时，晋东南豫西北

一带就成为了夏桀迁都后的主要活动地方。

后来清代地理学家和学者顾祖禹编撰的巨型历史地理著作《读史方舆纪要》记载："汤归，自伐夏，至于太行。"《泽州县志》也记载："夏桀居天门……桀始迁于垂。"这里的天门是指天井关。

天井关雄踞太行山的最南部，故又名"太行关"，地处晋豫交界的泽州晋庙铺境内。天井关因关前有三口深不可测的天井泉而得名，为山西的六大雄关之一，是利用太行天险而修筑的重要关隘，是晋豫穿越太行的交通要道。

天井关分别由天井关城、星轺驿和多处险隘要塞所组成。天井关周围峰峦叠嶂，沟壑纵横，古隘丛峙，地势险峻。历史上为南控中原，北扼上党的军事要塞。

天井关在古史中称其是"河东屏翰""冀南雄镇"。后来东汉时期历史学家班固编撰的我国第一部纪传体断代史《汉书·地理志》记

载："上党高都有天井关，即天门也"，这是有关天井关的最早记载。

天井关地处太行南北，豫晋两省之交通要道，形势险峻，是历代兵家必争要地。

我国第一部记述水系的著作《水经》记载说：

天井溪出天井关，北流注白水，世谓之北流泉。

在公元前11世纪，西伯侯文王姬昌带领大军，包围了商朝西南的田猎区及军事基地鄂国的都城，并占领了太行陉南端的大片领地，为攻伐商纣扫清了障碍。

公元前922年，周穆王姬满西巡时，走到翟道时没有道路了，只有从天井关经过。传说周穆王从天井关出发，驰驱千里，最后才到达昆仑册，与西王母相会了。

传说春秋末期儒家创始人孔子在鲁国设坛讲学，他门下有很多弟子。孔子听说太行关所在的太行山那里有一个村庄，居住在那里的人都十分博学，就想带着弟子去那里游览一下，传播自己的学术。

孔子与弟子们来到太行关后，一边乘车一边游览当地的风景。这时，前面道路上几个玩闹的孩童看见有车马过来，纷纷躲避让行，只有一个孩子站在路中央纹丝不动，脚边还有一圈泥土。

孔子弟子子路马上停下车,让孩子走开,但那孩子还是没有避让。孔子见状,问那个孩子说:"你看见马车为什么不躲开呀?"

那小孩笑着说:"这里有一座城池在路中间,车马怎么可能过得去呢?自古以来都是车马避让城池,哪有城池躲避车马的道理呢?"

孔子又问:"城池在哪呢?"

那个孩子说:"就在您的脚下。"

孔子下车查看,发现那个孩子站在一个用石子和泥土摆成的土圈的"城池"里面。孔子感到非常惊奇,就问那孩子的名字,那孩子说他的名字叫项橐。

孔子上下打量了项橐,他想这地方的人果真聪慧,连小孩都如此伶俐,只不过有些恃才傲慢罢了,他就想出了一连串问题。

孔子问项橐:"你的口才很厉害,但是我想考考你。什么山上没有石头?什么水里没有鱼儿?什么门没有门闩?什么车没有轮子?什么牛不生犊儿?什么天太长?什么树没有树枝?什么城里没有官员?

什么人没有别名？"

孔子问完，笑笑后看着项橐。项橐想了想说："您听着。土山上没有石头，井水中没有鱼儿，无门扇的门没有门闩，用人抬的轿子没有轮子，泥牛不生犊儿，木马不产驹儿，砍刀上没有环，萤火虫的火没有烟，神仙没有妻子，仙女没有丈夫，冬天白日里短，夏天白日里长，枯死的树木没有树枝，空城里没有官员，小孩子没有别名。"

孔子大惊，这孩子竟智慧过人！

项橐这时不容孔子多想，反问孔子说："现在轮到我考您了。鹅和鸭为什么能浮在水面上呢？"

"因为鸭子有毛，可以浮于水面之上啊！"

项橐接着问："可是葫芦没毛，为什么也能浮在水面上呢？"

孔子又答："因为葫芦是圆形的，里面又是空心的，所以能浮而不沉。"

项橐又说："钟也是圆形，里面也是空的，为何不能浮着呢？"

孔子无言以对，但是项橐又接二连三地发问："鸿雁和仙鹤为什么善于鸣叫？松柏为什么冬夏常青？"

孔子答道："鸿雁和仙鹤善于鸣叫，是因为它们的脖子长。松柏冬夏常青，是因为它们的树心坚实。"

"不对！"项橐大声说，"青蛙也善于鸣叫，难道是因为它们的脖子长吗？胡竹也是冬夏常青，难道是因为它们的茎心坚实吗？"

孔子觉得这孩子知识渊博，连自己也辩不过他，想到自己本来还想为当地人传播学识，就觉得十分惭愧，于是便打消了东游的念头，不再前进了。

这就是孔子东游太行关的故事。后来，这村子里还有回车辙、石碑和孔庙等。

公元前23年秋天至公元25年的时候，东汉开国大将冯异北攻天井关，并占领了此关。东汉将军王梁任野王，曾派往镇守天井关。

后来，天井关为更始帝王莽部将田邑所占据，汉光武刘秀派部将刘延攻打天井关，久攻不下，直至王莽死后，田邑才献关请降。

根据我国第一部编年体通史《资治通鉴》的记载，"帝上太行，开直道九十里，九月，至济源。"

唐玄宗李隆基在723年的正月从东都洛阳出发，经太行陉北上，巡幸潞州、并州，在星轺驿写下了《早登太行山中言志》一诗。同年冬十月，玄宗皇帝再次沿前次路线北巡。

843年的时候，昭义节度使刘从谏病卒。右骁卫将军刘从素的儿子

刘稹，也就是刘从谏的侄子，早期为牙内都知兵马使，他采用了昭义兵马使郭谊的建议，秘不发丧，自领军务，拒不听从朝廷调遣，并占据泽州和潞州。

908年3月，梁太祖朱全忠由都城河南开封出发，经太行道天井关前往泽州，安抚督导与晋王交战的将士。4月，朱全忠经星轺驿顺原路又返回大梁。

960年4月，宋太祖赵匡胤北上太行讨伐原后周昭义节度使李筠叛乱。在常平和碗子城，因道路险窄，宋太祖亲自下马负石，带领全体将士铺平山道，然后北上星轺驿、天井关并抵达泽州。

在1126年的时候，天井关改称"雄定关"，至元代末年，又改称叫"平阳关"。关内的羊肠坂道十分险要，又称"丹道""丹径"或"太行坂道"。

知识点滴

太行山本来在冀州的南边，但是一位住在附近的叫愚公的老人因为觉得太行山阻碍了自己的出行，就对家人说："我跟你们尽全力铲除险峻的大山，可以吗？"

大家纷纷表示赞成。

于是，愚公率领子孙中的三个人上了山，凿石开垦土地，用箕畚装土石运到渤海的边上。有人讥讽他愚笨，愚公却说："即使我死了，我有儿子在，儿子又生孙子，子子孙孙没有穷尽，然而山却不会增加高度，何愁挖不平？"

山神听说了这件事，就禀告了天帝。天帝被他的诚心所感动，命令大力神夸娥氏的两个儿子背负着两座山，一座放在朔东，一座放在雍南。从此，太行山就在朔东了。

陕西潼关

    潼关位于陕西渭南，北临黄河，南踞山腰，与崤函古道东口的函谷关遥遥相对，守卫着这条古道要津的西口。潼关设于东汉晚期，当时关城建在黄土塬上，隋代南移数千米，唐代武则天时期又北迁塬下，形成后来的潼关城旧址。

    潼关地处黄河渡口，位居晋、陕、豫三省的交集点，是汉代末期以来东入中原和西出关中、西域的必经之地及关防要隘，历来为兵家必争之地，素有"畿内首险""四镇咽喉""百二重关"之誉。

历代迁移的潼关城

潼关城作为戍守要地，先后有三个关城，即东汉时期、隋唐时期及其以后的潼关城。

东汉时期作为守备要塞的潼关城，最早建于东汉晚期，建城的具体年代虽已无考，但是在211年的时候，有古籍记载"超等屯潼关"，便有了潼关之称，此后为世人所称。

关于东汉潼关城的具体位置，根据《水经注》的记载：

河水自潼关东北流，水侧有长坂，谓之黄巷坂，傍绝涧涉此坂以升潼关，所谓溯黄巷以济潼关也。

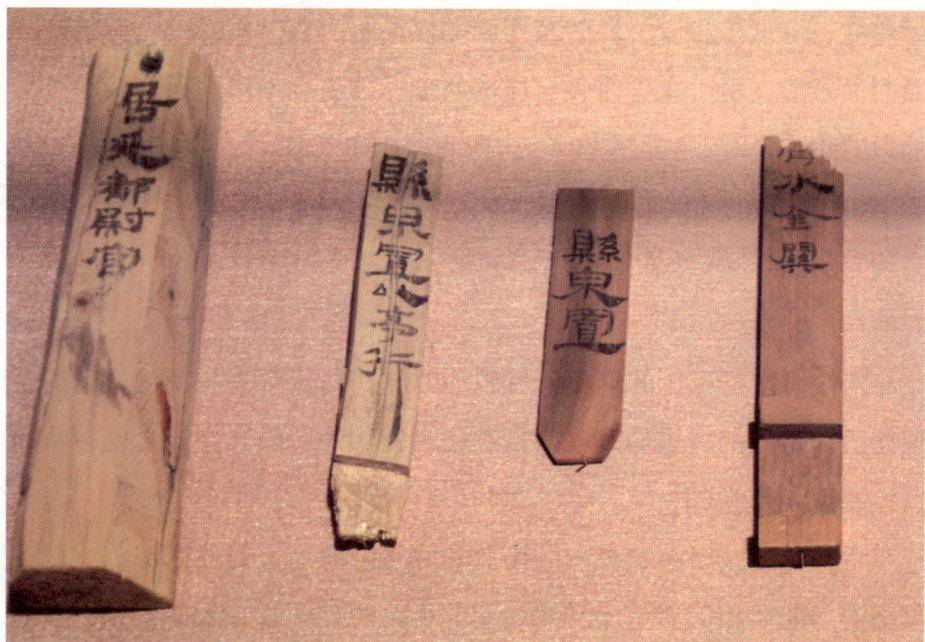

　　《水经注》的作者郦道元看到的潼关城，必然就是东汉时期的潼关城。按照郦道元的说法，自函谷关东来的大道到潼关城东，由于黄河紧切塬下，河边无路可通，只好经过一个黄土巷坡漫上，才能到潼关城，可见这个关城位于高埠之上。

　　后来清代向准所修《续潼关县志》记载：

　　　　潼关古城在上南门外塬上……今其遗址尚存。

　　向准所说的上南门是潼关东南半塬上的南门。潼关县南迁至吴村后，原潼关县城后来改称为港口。

　　后来东汉时期的潼关城只有南墙和北墙，根本没有东墙和西墙，但是没人知道为什么。

　　后经过考察认为，潼关城东临原望沟，西临禁沟及潼谷，两沟深堑壁立，可见东汉潼关城的东西两侧以深堑为墙，所以就没有筑东、西两面城墙。由于水土流失，城墙两端局部崩塌于沟内，从两端可见崩塌的残迹。

留在地面的潼关城的北城墙在陶家庄的北侧，其东西长约1千米，高约7米，黄土板筑，城门约略偏东，与港口潼关老城的上南门南北对峙。

南城墙在杨家庄的南侧，城根的北侧，与原望沟和禁沟之间的古道交叉。这里的古道即东汉时期长洛大道，潼关是其必经之处，从而可控制长洛大道。

后来的南城墙在城根村的西北和原望沟的沟边仍残留部分城墙，其形态与北墙相同。南墙和北墙南北相距约15千米，由此可见潼关城也是很大的。

后来，潼关城在隋代有过一次迁移，据唐代杜佑编撰的我国历史上第一部体例完备的政书《通典》记载：

　　大业七年移于南北镇城间，坑兽槛谷置。

　　大业七年，也就是611年。《通典》的作者杜佑说，隋朝时所移的潼关城在"坑兽槛谷"。

　　根据后来清代向准的《续潼关县志》的说法，坑兽槛谷的位置是："在城南四里，南北镇城间，隋大业七年，徙潼关于南北镇城间即此。"向准说的"在城南四里"，是指在后来的潼关港口乡南2千米。

　　又据后来清代饶应祺所修的《同州府续志》记载："中咀坡古为连城关，隋大业七年所迁关城也。"这里说的连城关就是南北镇城。

　　清代末期的潼关人赵鹏超所修的《潼关县新志》记载，隋"大业七年，徙南北连城关，去今地四里"。赵鹏超说的"去今地四里"，也在潼关港口乡南2千米。

　　根据《潼关县新志》记载："隋大业七年迁关城于禁沟口。"禁沟口就在中咀坡下方。

　　由于以上资料讲的都是同一地址，可见隋代潼关城只有一个地址，因为东汉时期潼关城以南地势平坦开阔，没有设关的条件，因而，隋城不可能向南迁移。

　　在港口南2千米的中咀坡下，是潼水与禁沟的汇合口，也是一片谷地，它位于东汉时期潼关城南城墙的西南坡下，长洛大道从汉潼关城西行时必经这里。

潼关城设在这里既可以有效地控制长洛大道，又可控制禁沟和潼水南北通道，避免了东汉时期潼关城不能控制南北的弊病，这也是隋代迁移潼关城的原因之所在。

隋代潼关城地处禁沟和潼水河谷交汇之处，又处交通要道，但是城墙后来没有得到保存。

隋城遗址内仅有烽火台一座，在隋城南侧中咀坡塬头上有一高大烽火台清晰可见。这个台居高临下，可能是隋代潼关城军事要塞的讯号台。

后来，潼关城至唐代有过一次迁移，这次迁移是在691年时进行的。在691的时候，黄河南岸与塬之间可以东西通行，长洛大道沿河边行进更为方便，所以不再绕道塬上。

为了控制大道，因此，武则天下令将潼关城北移到黄河岸边。《元和郡县志》中记载唐代潼关城时说："关西一里有潼水。"

这就是说，唐代潼关城的西门距潼水500米，北墙紧挨黄河岸边，南墙应在南塬半坡，东门应是原望沟口东侧的黄巷坡内的金陡关。这样，唐代潼关城既可控制东西大道，又可控制绕道原上的古道。

唐代潼关城设立后，隋城的防卫作用仍然存在，唐代末期黄巢起义军进攻潼关时，唐军忘守禁沟，义军踏破禁沟，进而攻破潼关城。

而唐代以后的宋、元、明、清时期的潼关城，其位置没有多大变化，都是在唐代潼关城的基础上维修、拓展和加固的。

后来残留在港口的城郭是明代所修，该城的西门紧靠黄河，北墙立于黄河岸边，东门接近原望沟口，南墙蜿蜒于南塬半腰，潼水穿城而过注入黄河。

这个关城既可控制长洛大道，又可控制南北通道，比东汉时期的潼关城和隋代的潼关城更为适用。

当年，三国时期军事家曹操命令曹洪和徐晃在潼关作战，并说："你们两人先带10000人马守住潼关。如十天内失掉了潼关，就按军法处决你们。"

曹洪、徐晃到了潼关，并不出战。西凉将军马超领兵来到关下痛骂曹操三代人，激怒了曹洪。曹洪想出战，却被徐晃劝住了。到了第九天，西凉军故意装出懈怠的样子，诱使曹洪和徐晃中了圈套，被打得措手不及。

曹洪丢失了潼关，奔来拜见曹操。曹操说："给你10天期限，为什么9天就丢了潼关？"

曹洪说："西凉军士，百般辱骂，实在令人难以忍受。后来又看见西凉军懈怠，便乘机袭击，不想中了奸计。"

曹操大怒，亲自率军直逼潼关，但仍然战败了。后人有诗说：潼关战败望风逃，孟德仓惶脱锦袍。剑割髭髯应丧胆，马超声价盖天高。

知识点滴

雄奇壮观的潼关八景

　　"潼关八景"包括雄关虎踞、禁沟龙湫、秦岭云屏、中条雪案、风陵晓渡、黄河春涨、谯楼晚照、道观神钟。

　　雄关虎踞，是指潼关故城东门的关楼。踞是蹲或坐的意思。虎

踞，是指东门外麒麟山角形似一只猛虎蹲在关口。

东门城楼北临黄河，面依麒麟山角，东有远望天堑，是从东面进关的唯一大门，峻险异常，大有"一夫当关，万夫莫开"之势。

关楼和巍峨的麒麟山，恰如一只眈眈雄视的猛虎，守卫着陕西的东大门，它以威严雄险而著称。

清代诗人淡文远曾写诗胜赞《雄关虎踞》说道：

秦山洪水一关横，雄视中天障帝京。
但得一夫当关隘，丸泥莫漫觑严城。

诗的第一二两句是说，秦岭和黄河之间横踞着一个潼关，它虎视中原保护长安。第三四两句是说，只要派一员将守住东门，关隘指东门，什么丸泥"东封函谷"，只不过是狂妄者的谣言。

东封函谷指的是东汉王元将军曾夸口说用少数兵力就可东封函谷关，这只不过是对潼关的傲慢态度。

上有悬瀑，下有深潭谓之龙湫。禁沟龙湫景致在禁沟口石门关北面禁沟水与潼河相汇处，北距潼关故城约2千米。

禁沟既长而且深，下有流水，水源出自秦岭蒿岔峪，汇合沿途泉水流至沟口石门关。沟床突变，湍流直下，飞沫四溅。

沟水下落与潼河相溶，汇为深潭。碧波荡漾，鱼跃兴波，绿树成荫，花香鸟语，颇有江南水乡风韵。

明代诗人林云翰咏《禁沟龙湫》写道：

禁沟山下有灵源，一脉渊深透海门。

龙仰镜天嘘雾气，鱼穿石罅动苔痕。

四时霖雨资农望，千里风云斡化云。

乘兴登临怀胜迹，载将春酒醉芳尊。

诗的第一二句是说，禁沟口有瀑布深潭，直通海门。形容潭深水碧看不见底。灵源，在这里喻指龙湫水景。古人说道，"水不在深，有龙则灵"。

诗的第三四句是说，神龙仰望天空吐着雾气。鱼儿穿梭，触动苔藓。第五六句是说，一年四季霖雨满足了农人的愿望，千里风云调和着大自然的变化。第七八句是说，乘着兴致来此饱览胜景，带着春酒在芳草地上喝醉。

秦岭云屏，是说秦岭云雾缭绕的自然的风光像是潼关的屏风。

潼关南面的秦岭峰峦起伏，苍翠清新，每当雨雪前后，景象更为佳妙，峰峦中游云片片，若飘若定，似嵌似浮，来之突然，去之无踪。一会儿若龙腾跃，一会儿若马奔驰。

有时如丝如缕，有时铺天盖地，或如高山戴帽，或如素带缠腰，或如绵团乱丝。千姿百态，变化无穷。旭日初露，锦幛乍开，五光十色，山为画，画为山，画山融为一体。

清代著名诗人王士禛所著的《秦蜀驿程记》写道：

河南连山，绵绵不绝……时见白云逢逢，自半山出，惝恍无定姿，心目为之清旷。

清代诗人淡文远写《秦岭云屏》的诗称赞说：

屏峙青山翠色新，晴岚一带横斜曛。
寻幽远出潼川上，几处烟村锁白云。

诗的第一二句是说，彩云像屏障一样直竖着，秦岭更加苍翠清新，天气放晴，云气如带，横抹着夕阳的彩霞。第三四句是说，寻求美景，不辞奔波，来到潼洛川上，但见村落烟雾缥缈，处在白云之中。

中条雪案的中条指中条山，在其西面端与潼关隔黄河相望，明代时为蒲州所辖。中条雪案，指中条山清幽的雪景。

在当时，潼关是军事重镇，设防范围北跨黄河，在蒲州境内筑守御城，设千总，管辖蒲州一些关津渡口。潼关故城处正是欣赏中条雪案的最好位置。

　　大雪纷飞时的中条山银装素裹，银为树，玉作峰，粉塑栏杆，素裹山川。倘若雪后新晴，则银光四射，琼瑶失色，云游雾荡，观者恍惚置身于仙境之中。

　　淡文远在《中条雪案》写道：

　　逍遥北望俯群山，满眼平铺霜雪环。
　　疑是蓬莱山上石，移来一片拱岩关。

　　诗的第一二句是说，站在潼关城头向北瞭望中条山，到处都被冰雪覆盖。第三四句问道，是谁把蓬莱仙岛上的琼瑶白玉搬来了呢？

　　风陵晓渡中的风陵，是神话传说中女娲氏之墓，位于潼关故城东门外黄河岸河滩。风陵处的渡口叫"风陵渡"。

　　潼关城地处黄、渭两河交汇处，早在春秋时期，就是交通枢纽，水路要冲。在1728年，风陵渡就有"官船11只，船夫84人"，还有私人和过往客商船只。

　　黄河春涨。当万物复苏，春暖花开，黄河上游积雪消融，封冰解冻，黄河流量剧增。站在潼关城头北眺东望，只见银光四见的冰渡随着河水汹涌而下，水天一色，威武雄壮，激荡情怀。

明代诗人林云翰在《黄河春涨》写道：

冰泮黄河柳作烟，忽看新涨浩无边。
飞涛汹涌警千里，卷浪弥漫沸百川。
两岸晓迷红杏雨，一篙春棹白鸥天。
临流会忆登仙事，好借星槎拟泛骞。

诗的第一二句是说，黄河冰解，两岸绿柳如烟，忽然看见河水猛涨浩渺无边。第三四句是说，洪流奔腾，一泻千里，巨浪澎湃，百川汇流。

诗的第五六句是说，伫立岸边醉迷着杏花时节的清晨春雨，挥篙驱舟游荡在白鸥群中。第七八句是说，撑船在黄河中随波逐流，遐想着登仙之事，最好还是效法张骞寻找源头。

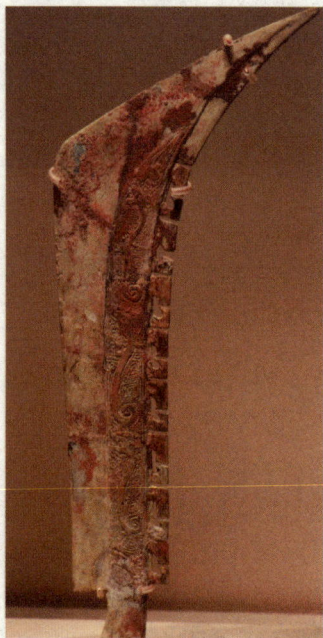

《荆楚岁时记》说张骞乘坐筏子寻找黄河源头，结果泛流到了天河，见到了织女和牛郎。

谯楼指的是古代建筑在城门上的楼，楼上驻兵，用以瞭望，报警报时。谯楼晚照，指日落时候潼关谯楼的景致。夕阳西下的时候，高大巍峨的谯楼中的雕柱斗角，飞檐钩心，光芒四射，谯楼暗亮分明，边沿折光，五光十色。

栏杆空处，红霞道道如束。谯楼四周"归鸿默默争先集，落雁翩翩入望中"。

清代诗人潘耀祖在《谯楼晚照》中写道：

画楼突兀映麒麟，斗角钩心满眼春。
待得夕阳横雁背，鼓声初动少行人。

诗的第一二句是说，谯楼高耸同麒麟山交相辉映，飞檐雕柱错综精密，光彩普照，满眼争春。第三四句是说等到夕阳横照雁背之时，谯楼上响起戍鼓声，街上的行人渐渐少了。

道观指道教的庙宇。道观神钟，因道观里的异于一般的"神钟"而驰名。

相传在1590年左右，潼关附近洪水泛滥，黄河汹涌澎湃，流有雌雄两钟，摩荡有声，雌钟止于潼关，"出，扣拓阴晴"。而雄钟则流于陕州。

1596年，这口奇异的雌钟，被悬挂在麒麟山顶的钟亭上。钟亭周

围绿树参天，白云缭绕，晨昏扣之，钟声抑扬顿挫。"宫商递变，律吕相生，声扬远闻"，清脆悦耳，山川生色。

潼关八景的雄奇壮观和潼关一样，流传着许多传奇。

在潼关附近有一座高约百米，宽约数千亩的土山，名叫"东山"，就是传说中的"女娲山"。传说女娲云游曾经来到这里，看到这里风光秀美、土地肥沃，便产生了眷恋之意。

女娲寂寞之余，望着滔滔的河水和两岸的土地，她随手挖起一把河边的泥土，掺和着河水，按照自己的模样捏出了一个个活蹦乱跳的小生灵。

日复一日，年复一年，女娲创造的千千万万个新生命汇聚在东山上下、黄河沿岸，使得整个黄河流域万物复苏、生机盎然。为了防止水患，她带着那些小生灵，来到了紧靠黄河南岸不远处的一座树木茂盛、遮天蔽日的小山上，依树搭建了一座座棚庵作为宿居之地，这便是最初的人类部落。

山西宁武关

　　宁武关遗址在今山西省宁武县城，是古代三关镇守总兵驻所所在地，始建于1450年。宁武关关城雄踞于恒山余脉的华盖山之上，临恢河，俯瞰东、西、南三面，周长2000米，开东、西、南三门。

　　战国时期，赵武灵王在楼烦的宁武置关以防匈奴，称为楼烦关。后来的宁化村就是楼烦关的南口，楼烦北边的阳方口就是楼烦关北口。至唐代，取广宁、神武二郡尾字而设宁武郡，因此楼烦关改称为"宁武关"。

镇守三关的总驻地

宁武关在1450年建成后，在明成化、正德年间，均有修缮。1479年，当时的巡抚魏绅拓广了关城，把关城的2000米周长扩建至3500多米，并且加辟了北门，在上面建了飞楼，起名为"镇朔城"。

1498年，宁武关关城的城墙又增高了1.5米，并加开了北门，不过这时的城墙仍为黄土夯筑。砖城墙是1606年包砌的。

1573年至1620年，宁武关关城在全部用青砖包砌城墙的同时，还修建了东西两座城门楼。在城北华盖山顶修筑了一座巍峨耸峙的护城墩，墩上筑有一座三层重楼，名为"华盖楼"。

宁武关的关城不仅与内长城相连，而且在城北还修筑有一座长达20千米的边墙。

宁武关位于凤凰山的北边，传说是由凤凰所变，遇到外敌侵犯就能神奇地飞走，所以宁武关也有"凤凰城"之称。

宁武关的城池犹如凤身，城北华盖山护城墩酷似凤首，东西延伸的两堡俨然一对凤翅，南城的迎薰楼，正如高翘的凤尾，而雄居城中的鼓楼堪称凤凰的心脏。

1620年，宁武关的城墙用砖包增高了，使关城更为坚固雄壮。

当时，明代朝廷为了抵御蒙古的进攻，在北方不断设险置关、修筑防线，形成了外边与内边。

而内边指的就是在山西偏关所建的，经神池、宁武、代县、朔县、蔚县等地抵延庆县的，蜿蜒1000多千米的内线长城。在这条长城构成的防线上，明代朝廷建关设堡，驻守军队。

在河北境内，明代朝廷沿线建设了紫荆、倒马、居庸三个关塞，称为"内三关"。而在山西境内所建设的偏头、宁武、雁门三关，被称为"外三关"。

外三关之中，偏头为极边，雁门为冲要。而宁武介于这两个关塞的中间，扼内边之首，地势尤重要。

故《边防考》上说：

以重兵驻此，东可以卫雁门，西可以援偏关，北可以应云朔，盖地利得势。

宁武关是三关中历代战争最为频繁的关口，当时北方诸民族只要南下，必经三关。偏关由于有黄河作为天险，只有冬季匈奴的骑兵才可以踏冰而过，而雁门以山为天险，骑兵难以突破。

宁武关所靠的恢河是季节性河流，在恢河断流的季节，匈奴骑兵就沿河谷挥师南进，直抵关下。当时恢河河谷可容"十骑并进"，所以大多数时候，宁武关都会成为交战的主要战场。

鲜卑、突厥、契丹、蒙古等游牧民族经常选择宁武关为突破口，所以在很多历史时期，这里的战争几乎连年不断。

知识点滴

宁武关故址在山西省宁武县，当吕梁山脉北支芦芽山和云中山交会的谷口。

谷口宽广，敞向北面的朔县盆地。三面环山，北倚内长城，深居于四面屏蔽的腹地，形势稳固，易守难攻。

由此北上可至大同，南下可达太原。宁武关是万里长城上的重要关隘，地势险要，因其地处"三关"中路，素有"北屏大同，南扼太原，西应偏关，东援雁门"的战略作用。

坚固险要的宁武关

明代在我国历史上是一个很难用一句话概括的朝代。从推翻元朝开始，明代开国皇帝朱元璋建国之初，深知国力衰弱，而又没能将"大元"残余势力扫清，于是派遣朱棣驻北，从战略上来说就是遏制外敌入侵。

1421年，明成祖朱棣由于从小成长在北京，又深受自己父亲明太祖朱元璋深信风水的影响，决定迁都北京。然而这个迁都的举动，却将大明王朝的中心近距离地展现在外族的敌人面前。

为了弥补这个缺憾，对保护国境进行更有效的防御，明成祖朱棣在1412年以后又开始北征。

在五次北征之中，其实除前两次有所收获外，其余的北征并没有对巩固明代的国势起到多少作用。

但在朱棣的长子朱高炽继位成为明仁宗后，在位期间发展生产、与民休息，巧妙地组织了城防，其国境相对来说是太平的。但明仁宗朱高炽期望的是再次迁都，把王朝的中心从北京迁回南京。

明仁宗朱高炽的长子朱瞻基在幼年时就非常受祖父与父亲的喜爱与赏识。早在1411年，13岁的他就已经被祖父明成祖朱棣立为皇太孙，也曾数度随明成祖朱棣征讨外敌。后来，朱瞻基在1425年登基成为明宣宗，开始了宣德王朝。

明宣宗和自己的祖父明成祖朱棣一样，从小成长在北京，对北京有深厚的感情，十分关心北方的处境，因此放弃了他父亲把朝廷迁回南京的计划，仍留北京为帝都。

1436年，明宣宗的长子朱祁镇继位成为明英宗。在明英宗时，外族的敌对势力，在漠北的人马已经一分为二成了瓦剌与鞑靼。

后来，瓦剌强大了起来，不断骚扰明朝的北边地区。当时，太监王振不断鼓动英宗发动对瓦剌御驾亲征，明英宗年轻气盛，立即采纳了建议。

但是由于明英宗准备不足，粮饷接济不足，前线屡屡失败，导致明军作战形势非常不利。最后，明英宗决定撤军。但是当军队驻扎在怀来城外的土木堡时，被瓦剌军包围，全军覆没，明英宗被俘。

失去了明英宗的明朝群龙无首，但国不可一日无主，为避免内乱，明王朝决定立明英宗的弟弟朱祁钰为帝，成为明代宗，年号景泰。在景泰元年，也就是1450年的时候，明代宗迅速下旨建立宁武关。

在此之后，宁武关的防御功能被发挥到淋漓尽致，有效地挡住了外族的入侵。

明代宗继位后不久，原定的太子朱见深被废。但是后来，明英宗

被瓦剌释放回国，重新取得王位，又重新把儿子朱见深设立了太子。

虽然朱见深的太子之位失而复得了，但这样波折的成长经历使他的精神压力非常大。为了更好地防御类似瓦剌的外敌，朱见深在1464年继位成为明宪宗之后，又在1466年下令增修了宁武关。

1513年，外族骑兵从大同入犯，进攻宁武关，企图由此进入晋中。守卫宁武关的官兵奋起抵抗，保卫了晋中的安全。

宁武关的创设、加固以及沿关防戍的修筑，将偏头、雁门、宁武三关连为一线，有效地加强了明朝北部边防，在相当一段时期内，十分有效地保障了三晋百姓的安全。

知识点滴

在明代宗组织防守外敌时，形势是十分严峻的。当时京师最有战斗力的部队、精锐的骑兵都已在土木堡失陷，剩下疲惫的士卒不到十万，人心惶惶，朝廷上下都没有坚定的信心。

但是于谦请郕王调南北两京、河南的备操军，山东和南京沿海的备倭军，江北和北京所属各府的运粮军，马上开赴京师，依然策划部署，人心稍为安定，于谦也被升为了兵部尚书。对他的意见，皇帝全都认真地接纳了。